一部《论语》画天下

泥土——编绘

天不生仲尼 万古长如夜
长夜何漫漫 漫画说论语

山东城市出版传媒集团·济南出版社

图书在版编目（CIP）数据

半部《论语》画天下 / 泥土编绘 . -- 济南：济南出版社，2023.9

ISBN 978-7-5488-5876-8

Ⅰ.①半… Ⅱ.①泥… Ⅲ.①《论语》- 研究 Ⅳ.① B222.25

中国国家版本馆 CIP 数据核字 (2023) 第 170731 号

半部《论语》画天下 BANBU LUNYU HUA TIANXIA

泥土 编绘

出 版 人	田俊林
责任编辑	袁　满　王东勃
装帧设计	胡大伟

出版发行	济南出版社
地　　址	济南市市中区二环南路1号（250002）
印　　刷	济南新先锋彩印有限公司
版　　次	2023年9月第1版
印　　次	2023年9月第1次印刷
成品尺寸	150 mm×230 mm　　16开
印　　张	10.75
字　　数	50千
定　　价	68.00元

（如有印装质量问题，请与出版社出版部联系调换，联系电话：0531-86131716）

序

古人有"半部《论语》治天下""天不生仲尼,万古长如夜"等说法。要知道,这可不是前人的梦呓或醉话。两千多年来,孔子的思想影响了后世一代又一代人,照亮了一代又一代人的生活。《论语》记录了孔子及其弟子的言行,集中反映了孔子的思想主张,是对中国影响极大的一部经典。

钱穆先生说过:"今天的中国读书人,应负两大责任。一是自己读《论语》,一是劝人读《论语》。"在《论语》问世以来的两千多年时间里,它深深地影响了后世的人们。梁启超先生曾感慨:"受持一两语,便可以终身受用。"因此,如何才能更好地学习、推广《论语》就显得十分重要。

当代人阅读《论语》,往往需要借助后人的译注。《论语》的译本不少,但借助画面来帮助理解的绘本还不多见,尤其是能够传神地表达《论语》意义的绘本更是罕见。其中的原因主要有两个方面:其一,《论语》中的许多表达往往带有普遍价值的哲思,很难用具象的画面来概括;其二,艺术表达与思想表达之间存在着诸多转化难题,如归纳提炼画面元素、绘画风格确定、艺术与思想互动等。

令人欣喜的是,泥土先生积极探索,深入思考,苦心孤诣,著成《半部〈论语〉画天下》,这是一次非常难得的尝试。他耗费八年心血,凝成这本著作。仔细读后,我们可以从中体会到三个突出特点:

第一，对《论语》本意的理解比较准确。泥土先生参照了多家《论语》注本、译本，提供了比较准确的译文和注释。尤其是"悟话"部分，可以说是作者对《论语》章句的自我理解和拓展，其中与艺术语言的联系是他的原创，集中代表了作者对《论语》思想的"创造性转化"，这是本书的亮点。本书的"悟话"涉及治国理政、学习教育、为人处世、君子品格等方面。从这一角度看，本书超越了许多《论语》普及版本。

第二，对画面的提炼比较典型。由文字到画面的转化，是一种艺术的飞跃。这一过程正是作者艺术创作的过程，是思想的艺术化。客观地讲，这一点非常难能可贵，需要很大的艺术勇气和较高的艺术造诣。画面提炼需要有典型性，需要有概括力，需要在深刻理解章句原意的基础上进行，只有这样才能达到传神的效果。例如，"可欺也，不可罔也"一句，作者的创意是两个人在一个陶缸里争斗，而实际上却是被人"斗蛐蛐"，这深刻阐释了古人君子"可欺也，不可罔也"的主张。如此神来之笔，在本书中并不少见。

第三，画本艺术水准较高。本书的艺术创作风格可以称作"水墨漫画"——既有中国水墨画的技法、神韵、美感，又有漫画作品的深刻、辛辣、趣味。在158幅作品中，作者采用了夸张、幽默、借喻、对比等大家喜闻乐见的漫画语言，来表达奇辞奥旨的古代经典名句。这种探索在经典普及上具有非凡意义。近代以来，也有用中国水墨画的形式来表达思想文化的艺术家，丰子恺先生算是代表。但泥土先生与丰子恺先生等艺术家有一个重要不同：丰子恺可以算是云淡风轻地"配图"，而泥土则是深入骨髓地"讽喻"，这种风格尤其适用于《论语》这类思想性强的经典。例如，在"学而不思则罔"这一篇中，作者辛辣刻画了一个边看书边学母鸡孵蛋的书呆子形象，将写意与写实结合，笔法精到简洁、人物表情传神，同时又紧扣"学而不思则罔"的主题和内涵，可谓思想与艺术的精品！

当然，《论语》是中华传统文化中极为重要的一部经典，知名度、阅读率高，见仁见智不可避免。另外，用画面去表达思想这种形式是一种探索，有时候很难避免失之于片面、失之于牵强。这些都是需要读者自己去体会和琢磨的。

本人之于书画等艺术，是纯粹的"门外汉"，但借助好友的指点、介绍，深深敬佩泥土先生的探索创新与思想洞见。

乐以为序，以陈敬意！

杨朝明

2021 年 12 月 29 日

目 录

1・学而时习之
2・有朋自远方来
3・人不知而不愠
4・孝悌为本
5・巧言令色
6・吾日三省吾身
7・节用爱人
8・行有余力，则以学文
9・言而有信
10・过，则勿惮改
11・礼之用，和为贵
12・慎言敏行
13・患不知人也
14・为政以德
15・道之以德，齐之以礼
16・善活乐活
17・温故而知新
18・君子不器
19・先行其言，而后从之
20・君子周而不比

21・学而不思则罔
22・攻乎异端
23・知之为知之
24・慎行其余
25・举直错诸枉
26・是可忍也，孰不可忍也
27・人而不仁，如礼何
28・君子之争
29・君礼臣忠
30・里仁为美
31・仁者安仁，知者利仁
32・唯仁者能好人
33・富贵以道
34・观过知仁
35・君子怀刑，小人怀惠
36・放于利而行，多怨
37・求为可知
38・见贤思齐
39・事父母几谏
40・约之以礼

目 录 2

41・德不孤，必有邻
42・朽木不可雕也
43・听其言而观其行
44・敏而好学
45・邦有道则知
46・老者安之
47・周急不继富
48・为君子儒
49・文质彬彬，然后君子
50・知之、好之、乐之
51・敬鬼神而远之
52・先难而后获
53・乐水乐山
54・知者乐，仁者寿
55・可欺也，不可罔也
56・中庸为德
57・己欲立而立人，己欲达而达人
58・学而不厌，诲人不倦
59・志道游艺
60・不愤不启，不悱不发

61・好谋而成
62・不义而富且贵，于我如浮云
63・乐以忘忧
64・非生而知之
65・三人行，必有我师
66・多见而识
67・我欲仁，斯仁至矣
68・君子坦荡荡，小人长戚戚
69・任重道远
70・人而不仁，疾之已甚，乱也
71・邦有道，贫且贱焉，耻也
72・不在其位，不谋其政
73・学如不及，犹恐失之
74・吾不试，故艺
75・逝者如斯夫
76・后生可畏
77・法语之言，能无从乎
78・匹夫不可夺志也
79・岁寒知松柏
80・食不语，寝不言

目 录

- 81・问人不问马
- 82・未知生，焉知死
- 83・言必有中
- 84・不践迹，亦不入于室
- 85・克己复礼为仁
- 86・为仁由己
- 87・非礼勿言，非礼勿动
- 88・己所不欲，勿施于人
- 89・内省不疚
- 90・四海之内皆兄弟
- 91・居之无倦，行之以忠
- 92・博学于文，约之以礼
- 93・成人之美
- 94・政者正也
- 95・君子德风
- 96・质直而好义
- 97・忠告善道
- 98・以文会友
- 99・先之劳之
- 100・举尔所知
- 101・名正言顺
- 102・其身正，不令而行
- 103・近悦远来
- 104・欲速则不达
- 105・和而不同
- 106・善者好之，其不善恶之
- 107・君子易事而难说也
- 108・士不怀居
- 109・有德者必有言
- 110・古之学者为己，今之学者为人
- 111・仁者不忧
- 112・知者不惑
- 113・勇者不惧
- 114・患其不能
- 115・骥不称其力，称其德也
- 116・以直报怨，以德报德
- 117・下学而上达，知我者其天乎
- 118・贤者辟世
- 119・修己以敬
- 120・工欲善其事，必先利其器

目 录 4

- 121 · 人无远虑，必有近忧
- 122 · 躬自厚而薄责于人
- 123 · 君子求诸己，小人求诸人
- 124 · 君子不以言举人，不以人废言
- 125 · 小不忍则乱大谋
- 126 · 人能弘道，非道弘人
- 127 · 君子谋道不谋食
- 128 · 当仁不让
- 129 · 贞而不谅
- 130 · 道不同，不相为谋
- 131 · 既来之，则安之
- 132 · 益者三友
- 133 · 益者三乐
- 134 · 君子有三戒
- 135 · 君子有三畏
- 136 · 学而知之
- 137 · 性相近，习相远
- 138 · 恭则不侮，宽则得众
- 139 · 道听途说
- 140 · 患得患失
- 141 · 直道而事人
- 142 · 无求备于一人
- 143 · 士见危致命
- 144 · 尊贤容众
- 145 · 博学笃志
- 146 · 君子有三变
- 147 · 大德不逾闲
- 148 · 有始有终
- 149 · 仕而优则学，学而优则仕
- 150 · 君子之过
- 151 · 惠而不费
- 152 · 劳而不怨
- 153 · 欲而不贪
- 154 · 泰而不骄
- 155 · 威而不猛
- 156 · 君子知命
- 157 · 不知礼，无以立
- 158 · 不知言，无以知人也

- 159 · 画后的话

悟话：读书是为了学，实践是为了习；学习是为了更好地生活。

学而时习之

原　文　子曰："学而时习之，不亦说乎？"（出自《学而篇》）

译　文　孔子说："学到的东西适时实践，不是很愉快吗？"

注　子：中国古代对有学问、有地位的男子的尊称。《论语》中"子曰"的"子"是指孔子。学：主要是指学习西周的礼、乐、《诗》、《书》等传统文化与著作典籍。说：同"悦"，高兴、愉快的意思。

1

悟话：朋友就是力量，团结就是志同道合的朋友们走到一起共聚力。

有朋自远方来

原　文　子曰："有朋自远方来，不亦乐乎？"（出自《学而篇》）

译　文　孔子说："有志同道合的人从远方来，不也很令人高兴吗？"

悟话：我本心明，据德行世，奈何他人暂不知。

人不知而不愠

原 文　子曰："人不知，而不愠，不亦君子乎？"（出自《学而篇》）

译 文　孔子说："别人不了解自己，自己却不怨恨，不也是个有修养的君子吗？"

注　　愠［yùn］：恼怒，怨恨。君子：《论语》中的"君子"，有时指"有德者"，有时指"有位者"，此处指"有德者"，即孔子理想中道德修养高的人。

悟话：人不懂孝悌，将会天下无朋友。会讲此话的人，不一定都会真去做。

孝悌为本

原　文　有子曰："孝弟也者，其为仁之本与！"（出自《学而篇》）

译　文　有子说："孝顺父母，敬爱兄长，这就是'仁'的根本啊！"

注　有子：有氏名若，字子有，孔子的学生。弟：同"悌"，弟弟对待兄长的正确态度。

悟话：擅用嘴巴变魔术的人，能使人在安逸中损失财物与名誉。

巧言令色

原　文　子曰："巧言令色，鲜矣仁！"（出自《学而篇》）

译　文　孔子说："花言巧语，伪装出一副和善的面孔，这种人的仁德不会多。"

注　巧：好。令：伪善。鲜：少。

悟话：反省不只是检查自己的行为，还应是放飞自己的思想。

吾日三省吾身

原文 曾子曰："吾日三省吾身——为人谋而不忠乎？与朋友交而不信乎？传不习乎？"（出自《学而篇》）

译文 曾子说："我每日多次进行自我反省：替人办事是不是尽心竭力了呢？同朋友交往是否诚实相待了呢？老师传授的知识是否温习了呢？"

悟话：爱与被爱，都是一种享受。

节用爱人

原文 子曰："道千乘之国，敬事而信，节用而爱人，使民以时。"（出自《学而篇》）

译文 孔子说："治理一个拥有一千辆兵车的国家，要谨慎处事而恪守信用、诚实无欺，节约开支而又爱护官吏，使用民力要不误农时。"

牛部論語書天下

悟话：左右一个人成功的不只是人格，还有知识。

行有余力，则以学文

原　文　子曰："弟子，入则孝，出则悌，谨而信，泛爱众，而亲仁。行有余力，则以学文。"（出自《学而篇》）

译　文　孔子说："后生小子，在父母跟前，就孝顺父母；出门在外，要敬爱兄长；做事要谨慎，诚实可信；要广泛地去爱人，亲近那些有仁德的人。躬行实践之后，还有余力的话，就再去学习文献知识。"

悟话：诚信是一个人无形的力量。

言而有信

原　文　子夏曰："贤贤易色；事父母，能竭其力；事君，能致其身；与朋友交，言而有信。"（出自《学而篇》）

译　文　子夏说："（一个人）对待妻子要重视品德不重容貌；侍奉父母，能够竭尽全力；服侍君主，能够献出自己的生命；同朋友交往，要说话诚实、恪守信用。"

半部論語書天下

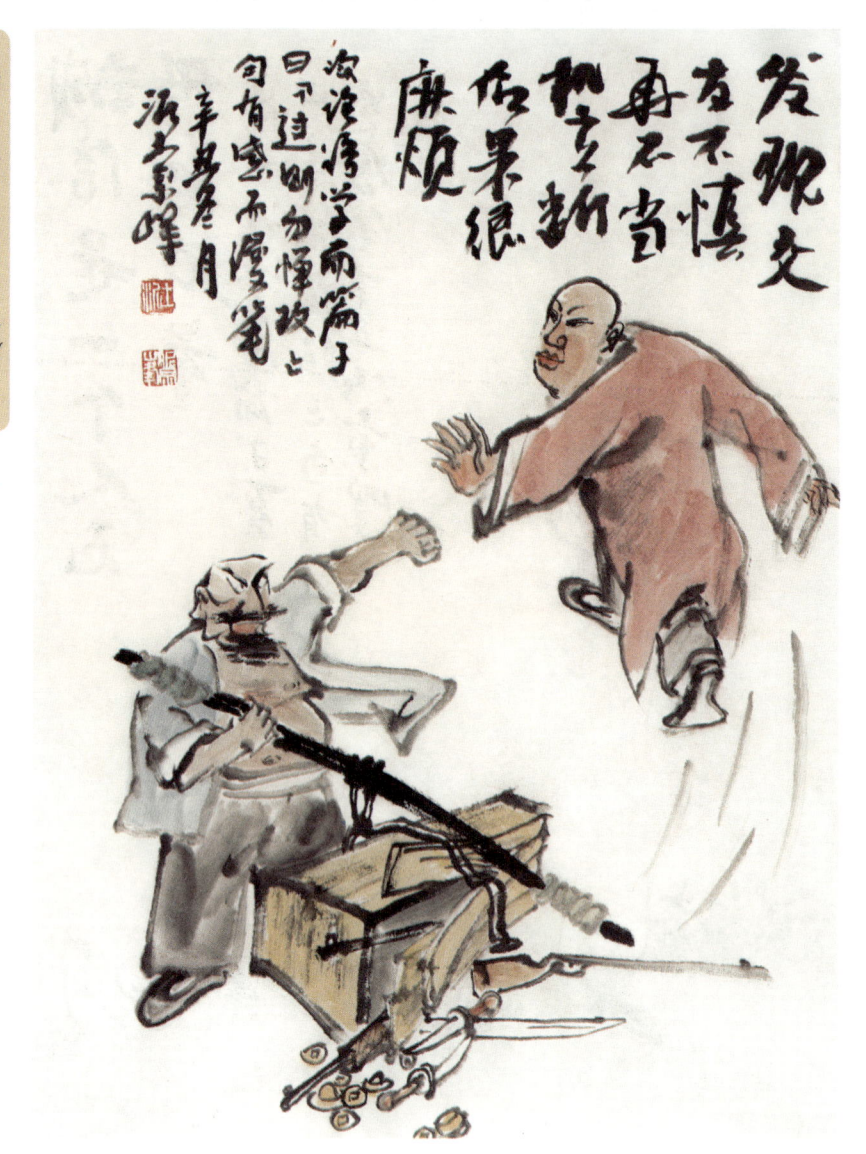

悟话：发现交友不慎，再不当机立断，后果很麻烦。

过，则勿惮改

原文 子曰："君子不重，则不威；学则不固。主忠信。无友不如己者。过，则勿惮改。"（出自《学而篇》）

译文 孔子说："君子不庄重就没有威严；即使读书，所学的也不会巩固。要以忠信为主。不要同不如自己的人交朋友。有了过错，就不要怕改正。"

悟话：人与人之间都能做到知礼而行，人们的生活才会和谐美好。

礼之用，和为贵

原　文　有子曰："礼之用，和为贵。"（出自《学而篇》）

译　文　有子说："礼的作用，以遇事做得恰当为贵。"

悟话： 慎言不是少言，敏行也不是做事快，而是对事物的一种认知态度。

慎言敏行

原文 子曰："君子食无求饱，居无求安，敏于事而慎于言，就有道而正焉，可谓好学也已。"（出自《学而篇》）

译文 孔子说："君子饮食不求饱足，居住不要求舒适，办事敏捷，说话小心谨慎，向有道的人学习而改正自己的缺点，这样可以说是好学的。"

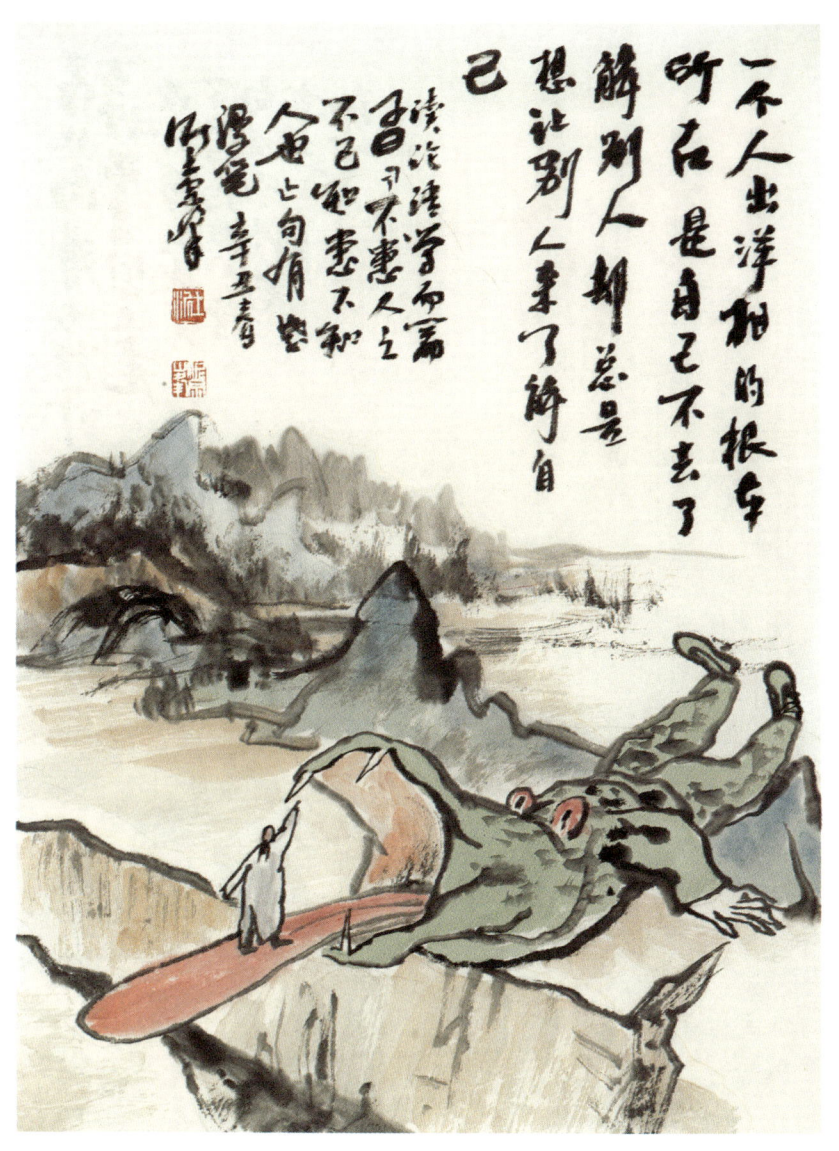

悟话：一个人出洋相的根本所在，是自己不去了解别人，却总是想让别人来了解自己。

患不知人也

原 文 子曰："不患人之不己知，患不知人也。"（出自《学而篇》）

译 文 孔子说："不怕别人不了解自己，只怕自己不了解别人。"

注 患：忧虑、怕。

牛部论语书天下

悟话：花儿向着太阳开，百姓跟着恩人走。

为政以德

原文 子曰："为政以德，譬如北辰，居其所而众星共之。"
（出自《为政篇》）

译文 孔子说："用道德来治理国家，就会像北极星那样，居于一定的位置，而群星都会环绕在它的周围。"

注 以：用。北辰：北极星。共：同"拱"，环绕。

悟话：引导是种责任，引导者的为政目标不同，其跟随者们所获得的幸福感也不同。

道之以德，齐之以礼

原文 子曰："道之以政，齐之以刑，民免而无耻；道之以德，齐之以礼，有耻且格。"（出自《为政篇》）

译文 孔子说："用行政命令去引导百姓，使用刑罚来约束他们，老百姓只是求得免于犯罪受惩，却失去了廉耻之心；用道德教化引导百姓，使用礼制去统一百姓的言行，百姓不仅会有羞耻之心，而且民心归服。"

半部论语书天下

悟话：人生很短暂，活好每个年龄段。

善活乐活

原文 子曰："吾十有五而志于学，三十而立，四十而不惑，五十而知天命，六十而耳顺，七十而从心所欲，不逾矩。"（出自《为政篇》）

译文 孔子说："我十五岁将学习作为自己的终身志向；三十岁（懂礼仪）说话做事都有把握；四十岁能不被外界事物所迷惑；五十岁懂得了上天赋予我的命运；六十岁能正确对待各种言论；七十岁能随心所欲而不越出规矩。"

悟话：读书时不能没有联想，生活中不能没有创新。

温故而知新

原　文　子曰："温故而知新，可以为师矣。"（出自《为政篇》）

译　文　孔子说："温习旧的知识而能从中获得新体会、新见解，凭此就可以当老师了。"

半部论语书天下

悟话：大丈夫上得了战场，也能入得了书房。

君子不器

原　文　子曰："君子不器。"（出自《为政篇》）

译　文　孔子说："君子不能像器具那样（只有某一方面的用途，而应该多才多艺）。"

注　器：器具。

悟话：有时候做好事的过程是不被人们所理解的，但其结果却令人们恍然大悟。

先行其言，而后从之

原　文　子贡问君子。子曰："先行其言，而后从之。"（出自《为政篇》）

译　文　子贡问如何才能做君子。孔子说："君子先做事，然后才照他做的说出来。"

悟话：团结就是力量，勾结就是苟且。

君子周而不比

原　文　子曰："君子周而不比，小人比而不周。"（出自《为政篇》）

译　文　孔子说："君子团结而不与人勾结，小人与人勾结而不团结。"

注　周：团结。比：勾结。

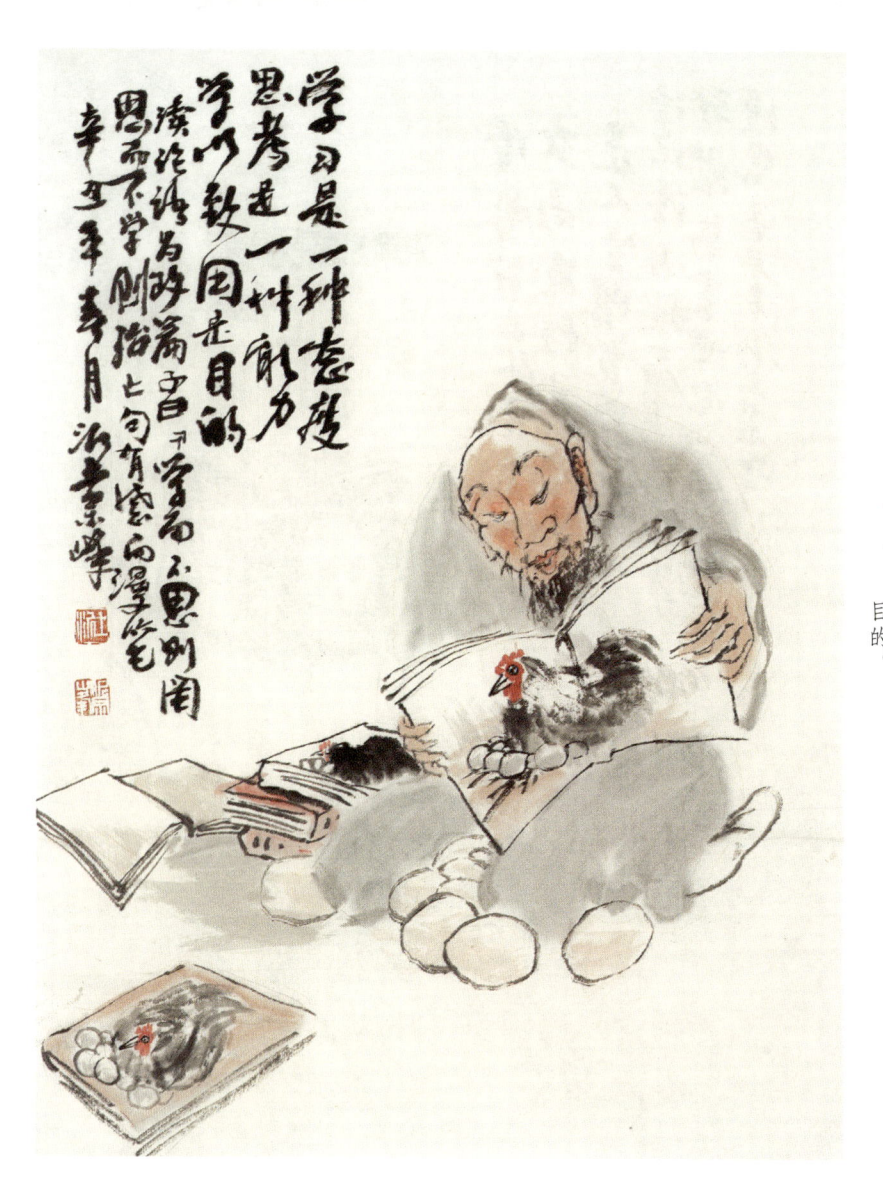

悟话：学习是一种态度，思考是一种能力，学以致用是目的。

学而不思则罔

原　文　子曰："学而不思则罔，思而不学则殆。"（出自《为政篇》）

译　文　孔子说："只读书学习而不思考问题，就会惘然无知而没有收获；只空想而不读书学习，就会疲怠而无所得。"

　注　罔：同"惘"，迷惑、糊涂。殆：同"怠"，疲怠。

悟话：读好书走正道，交高友行善事，是人生明智的抉择。

攻乎异端

原　文　子曰："攻乎异端，斯害也已。"（出自《为政篇》）

译　文　孔子说："批判那些不正确的议论，祸害就消灭了。"

注　异端：不正确的议论。斯：连词，这就。

悟话：不懂装懂，欺世害己；知事明理，大道简行。

知之为知之

原文 子曰："由！诲女知之乎！知之为知之，不知为不知，是知也。"（出自《为政篇》）

译文 孔子说："由！我教你怎样获得知识变得智慧吧！知道就是知道，不知道就是不知道，这才是聪明的。"

注 由：仲氏名由，字子路，孔子的学生。女：同"汝"，你。知：同"智"，聪明。

牛部論語書天下

悟话：遇事不能只凭经验，还要结合实际谨慎干。

慎行其余

原文 子张学干禄。子曰："多闻阙疑，慎言其余，则寡尤；多见阙殆，慎行其余，则寡悔。"（出自《为政篇》）

译文 子张要学谋取官职的办法。孔子说："要多听各种意见，有怀疑的地方加以保留，对其余有把握的也要谨慎地说出来，这样就可以少犯错误；要多看各种事物，有怀疑的地方加以保留，其余有把握的也要谨慎地去做，这样就能少后悔。"

悟话：扶正镇邪是社会进步的刚性保障。

举直错诸枉

原　文　哀公问曰："何为则民服？"孔子对曰："举直错诸枉，则民服；举枉错诸直，则民不服。"（出自《为政篇》）

译　文　鲁哀公问："怎样才能使百姓服从呢？"孔子回答说："把正直无私的人提拔起来，放在邪恶不正的人之上，老百姓就会服从了；把邪恶不正的人提拔起来，放在正直无私的人之上，老百姓就不会服从了。"

悟话：谁能容忍贪婪成性的官家？

是可忍也，孰不可忍也

原文 孔子谓季氏："八佾舞于庭，是可忍也，孰不可忍也？"（出自《八佾篇》）

译文 孔子谈及季氏，说："他用六十四人在自己的庭院中奏乐舞蹈，这样不合礼制的事都可容忍，还有什么事情不能容忍？"

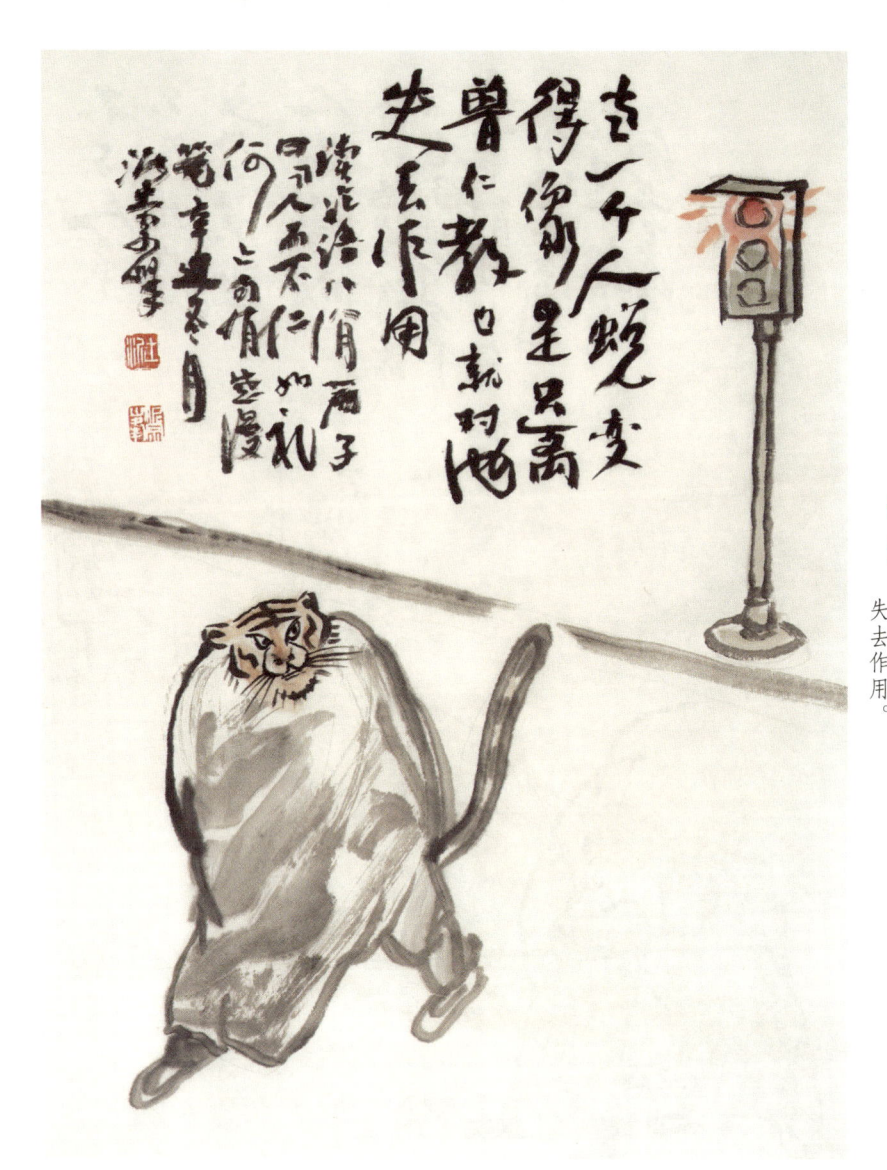

悟话：当一个人「蜕变」得像是只禽兽，仁教也就对他失去作用。

人而不仁，如礼何

原文 子曰："人而不仁，如礼何？人而不仁，如乐何？"
（出自《八佾篇》）

译文 孔子说："一个人没有仁义之心，他对礼仪又能怎么样呢？一个人没有仁德之心，他又能怎么对待音乐呢？"

半部論語書天下

悟话：不与人争，只与技争，互学共进，人和事成。

君子之争

原　文　子曰："君子无所争。必也射乎！揖让而升，下而饮。其争也君子。"（出自《八佾篇》）

译　文　孔子说："君子没有什么可与别人争的事情。如果有的话，那就是比赛射箭了。（比赛时）双方先相互作揖然后登堂，射完后下堂喝酒。这就是君子之争。"

悟话：今天的上下级关系，除还遗留古时的『君礼臣忠』关系外，又多了一项相互监督的关系。

君礼臣忠

原　文　定公问："君使臣，臣事君，如之何？"孔子对曰："君使臣以礼，臣事君以忠。"（出自《八佾篇》）

译　文　鲁定公问："君主怎样使用臣子，臣子怎样侍奉君主呢？"孔子回答说："君主应该按照礼的要求去使用臣子，臣子应该以忠来侍奉君主。"

悟话：邻里相处是你敬我以礼、我回敬你以仁的平凡生活。

里仁为美

原　文　子曰："里仁为美。择不处仁，焉得知？"（出自《里仁篇》）

译　文　孔子说："跟有仁德的人住在一起才好。如果你选择的住处不能让你跟有仁德的人在一起，怎么能说你是明智的呢？"

注　里：住处，这里借作动词用。处：居住。知：同"智"。

悟话：不能安处困境，也就不能安享优境。

仁者安仁，知者利仁

原文 子曰："不仁者不可以久处约，不可以长处乐。仁者安仁，知者利仁。"（出自《里仁篇》）

译文 孔子说："没有仁德的人不能长久地处在贫困中，也不能长久地处在安乐中。有仁德的人是安于仁道的，有智慧的人则知道仁德对自己有利便去行仁。"

书法题字：
如果有那么一天，世界上没有了善和恶，那么世界上也就没有了爱憎分明的人。

悟话：如果有那么一天，世界上没有了善和恶，那么世界上也就没有了爱憎分明的人。

唯仁者能好人

原文 子曰："唯仁者能好人，能恶人。"（出自《里仁篇》）

译文 孔子说："只有那些有仁德的人，才能（正确地）爱人和恨人。"

注 好［hào］：喜爱，作动词。恶［wù］：憎恶、讨厌，作动词。

悟话：获取财富的多少，是与每人的享受和追求成正比的。

富贵以道

原文 子曰："富与贵，是人之所欲也；不以其道得之，不处也。贫与贱，是人之所恶也；不以其道得之，不去也。"（出自《里仁篇》）

译文 孔子说："富裕和显贵是人人都想要得到的，如果不用合乎道的方法得到它，君子就不会接受。贫穷与低贱是人人都厌恶的，但不用合乎道的方法去摒弃它，君子就不会摆脱。"

半部論語書天下

悟话：错误的性质是由犯错误人的本质所决定的。

观过知仁

原文 子曰："人之过也，各于其党。观过，斯知仁矣。"
（出自《里仁篇》）

译文 孔子说："人们所犯的错误，总是与人属于哪一类有关。（什么样的人就会犯什么样的错误。）所以，考察一个人所犯的错误，就可以知道他的为人。"

注 仁：同"人"。

悟话：一个人应建立利他又利己的人生价值观，自己活得才心安理得。

君子怀刑，小人怀惠

原　文　子曰："君子怀德，小人怀土；君子怀刑，小人怀惠。"
（出自《里仁篇》）

译　文　孔子说："君子渴求的是道德，小人渴求的是田宅；君子渴求法度，小人渴求恩惠。"

悟话：因果关系是社会发展之必然，多行不义必自毙。

放于利而行，多怨

原文 子曰："放于利而行，多怨。"（出自《里仁篇》）

译文 孔子说："只根据自己的利益行事，会招致很多怨恨。"

注 放［fǎng］：依据、根据。

悟话：根深才能枝茂树壮，人勤更能知命兴业。

求为可知

原　文　子曰："不患无位，患所以立。不患莫己知，求为可知也。"（出自《里仁篇》）

译　文　孔子说："不怕没有官位，就怕自己没有学到赖以站得住脚的本领；不怕没有人知道自己，只求自己成为有真才实学、值得为人们所知道的人。"

37

半部论语书天下

悟话：以他人为鉴，以他人为镜，是一个人提升修养的根本方法。

见贤思齐

原　文　子曰："见贤思齐焉，见不贤而内自省也。"（出自《里仁篇》）

译　文　孔子说："见到贤人，就应该向他学习、看齐；见到不贤的人，就应该自我反省（自己有没有与他类似的错误）。"

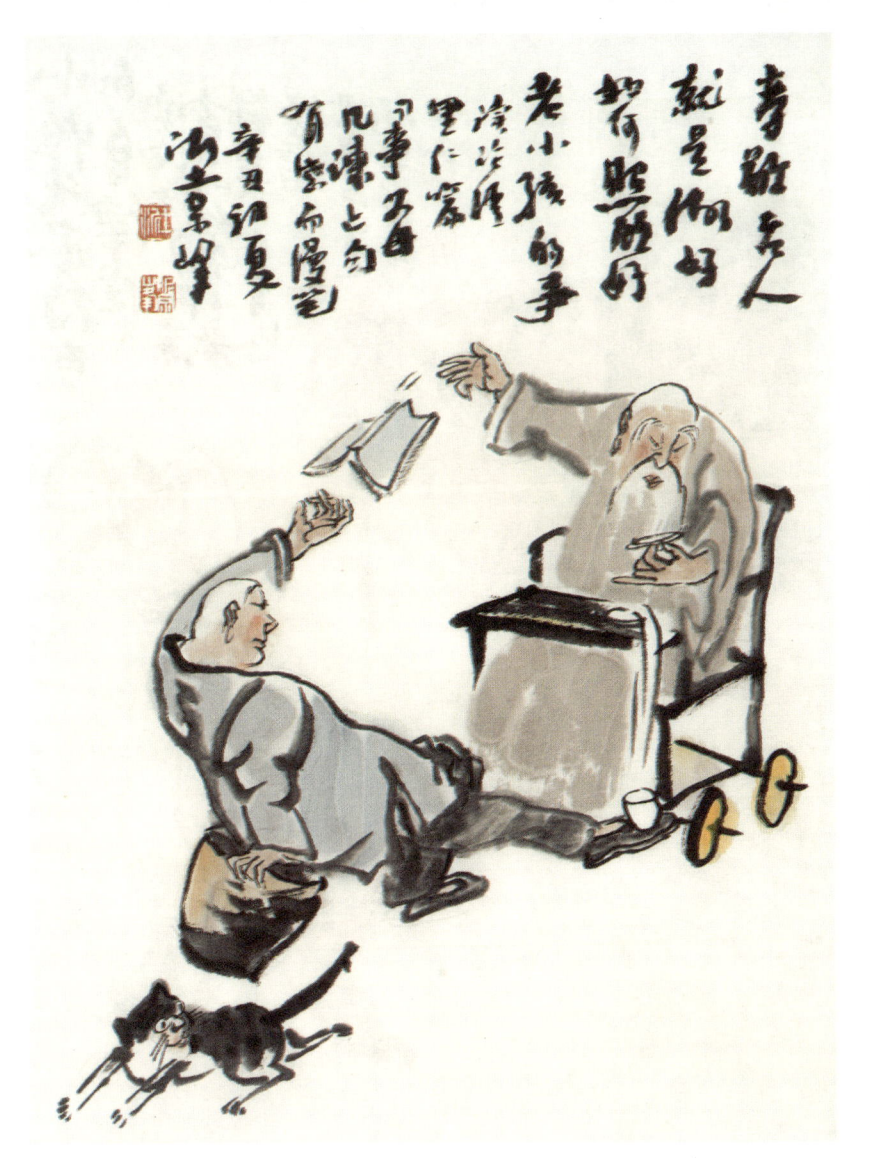

悟话：孝敬老人，就是做好如何照顾好『老小孩』的事。

事父母几谏

原文 子曰："事父母几谏，见志不从，又敬不违，劳而不怨。"（出自《里仁篇》）

译文 孔子说："侍奉父母，（如果父母有不对的地方）要委婉地劝说他们，见父母不愿听从，仍然要对他们恭恭敬敬，不冒犯他们，替他们操劳而不怨恨。"

半部論語書天下

悟话：心性决定行为的自律性。

约之以礼

原文 子曰："以约失之者鲜矣。"（出自《里仁篇》）

译文 孔子说："用礼法来约束自己，犯错误的情况就少了。"

注 约：约束，这里指"约之以礼"。鲜：少。

悟话：品德相近的人总是会聚到一起共舞的。

德不孤，必有邻

原　文　子曰："德不孤，必有邻。"（出自《里仁篇》）

译　文　孔子说："有道德的人是不会孤单的，一定会有同他思想一致的人与他在一起。"

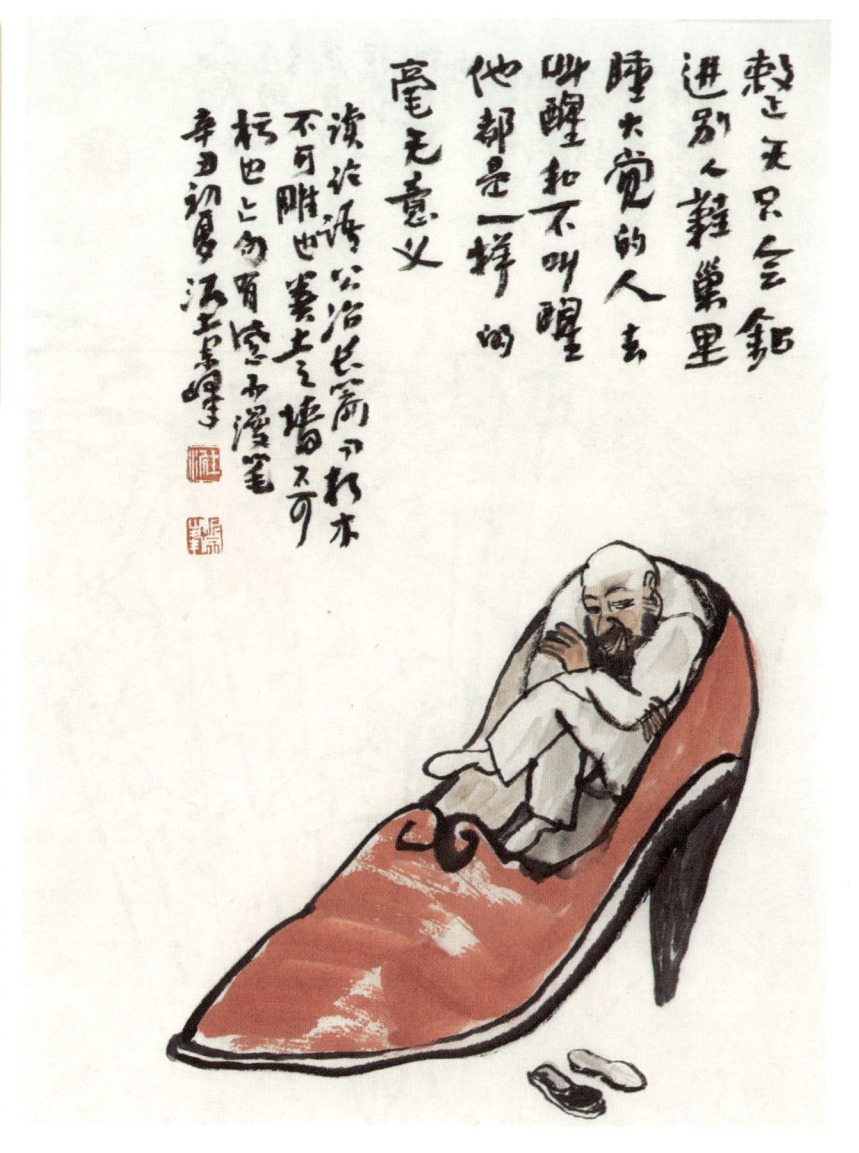

悟话：整天只会钻进别人鞋巢里睡大觉的人，去叫醒和不叫醒他都是一样的毫无意义。

朽木不可雕也

原文 宰予昼寝。子曰："朽木不可雕也，粪土之墙不可杇也。于予与何诛？"（出自《公冶长篇》）

译文 宰予在白天睡觉。孔子说："腐朽的木头无法雕刻，斑驳污秽的墙壁无法粉刷。对于宰予这个人，责备还有什么用呢？"

悟话：对事物的正确断定，关键在于观察后的分辨。

听其言而观其行

原　文　子曰："始吾于人也，听其言而信其行；今吾于人也，听其言而观其行。于予与改是。"（出自《公冶长篇》）

译　文　孔子说："起初我对于人，是听了他说的话便相信了他的行为；现在我对于人，听了他讲的话还要观察他的行为。在宰予这件事上，我改变了态度。"

悟话：人类是在勤奋学习中不断地完善生存技能的。

敏而好学

原　文　子贡问曰："孔文子何以谓之'文'也？"子曰："敏而好学，不耻下问，是以谓之'文'也。"（出自《公冶长篇》）

译　文　子贡问道："为什么给孔文子一个'文'的谥号呢？"孔子说："他聪敏而好学，不以向比他地位卑下的人请教为耻，所以给他的谥号叫'文'。"

悟话：识时务百态，才能明辨是非、与时俱进。

邦有道则知

原　文　子曰："宁武子，邦有道，则知；邦无道，则愚。其知可及也，其愚不可及也。"（出自《公冶长篇》）

译　文　孔子说："宁武子这个人，当国家政治有序时，他就显得聪明；当国家无序时，他就装傻。他的那种聪明，别人可以做得到，他的那种装傻，别人就做不到了。"

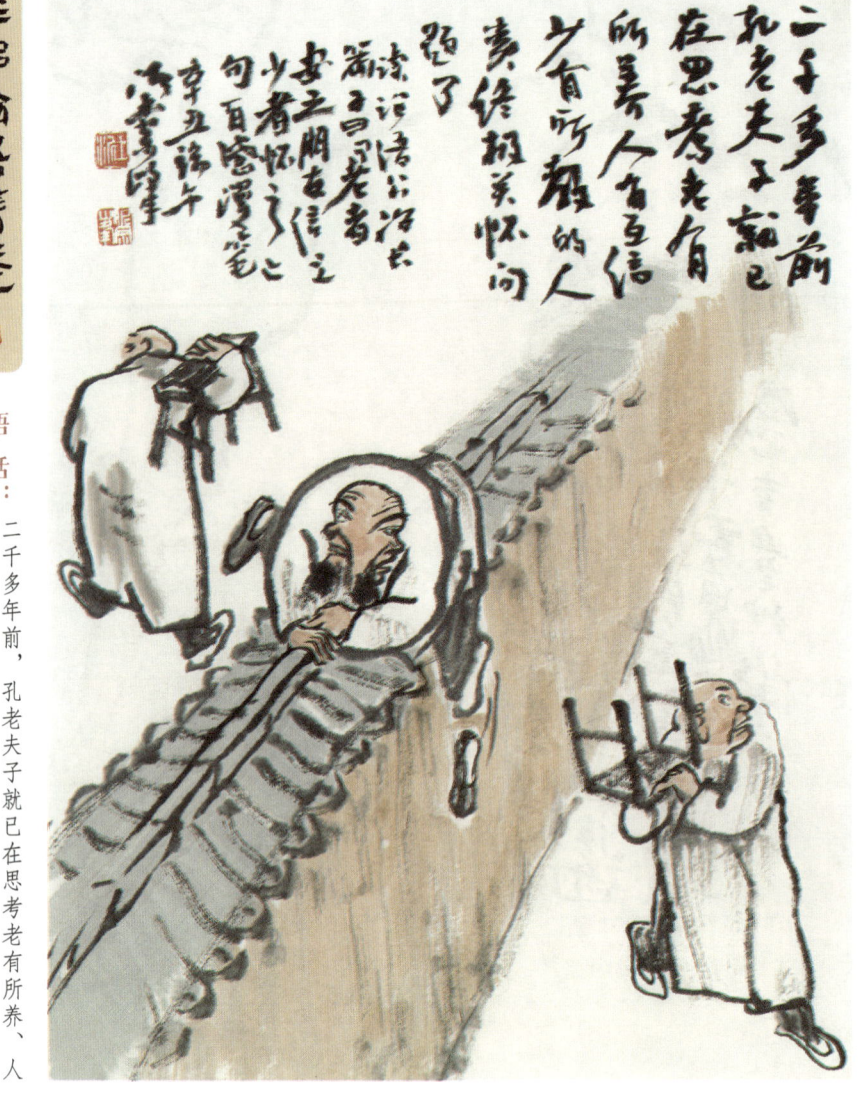

悟话：二千多年前，孔老夫子就已在思考老有所养、人有互信、少有所教的人类终极关怀问题了。

老者安之

原文 子曰："老者安之，朋友信之，少者怀之。"（出自《公冶长篇》）

译文 孔子说："（我的志向是）让老年人安乐，让朋友们得到信任，让年轻人得到关怀。"

悟话：救急不救穷，救穷要救心。

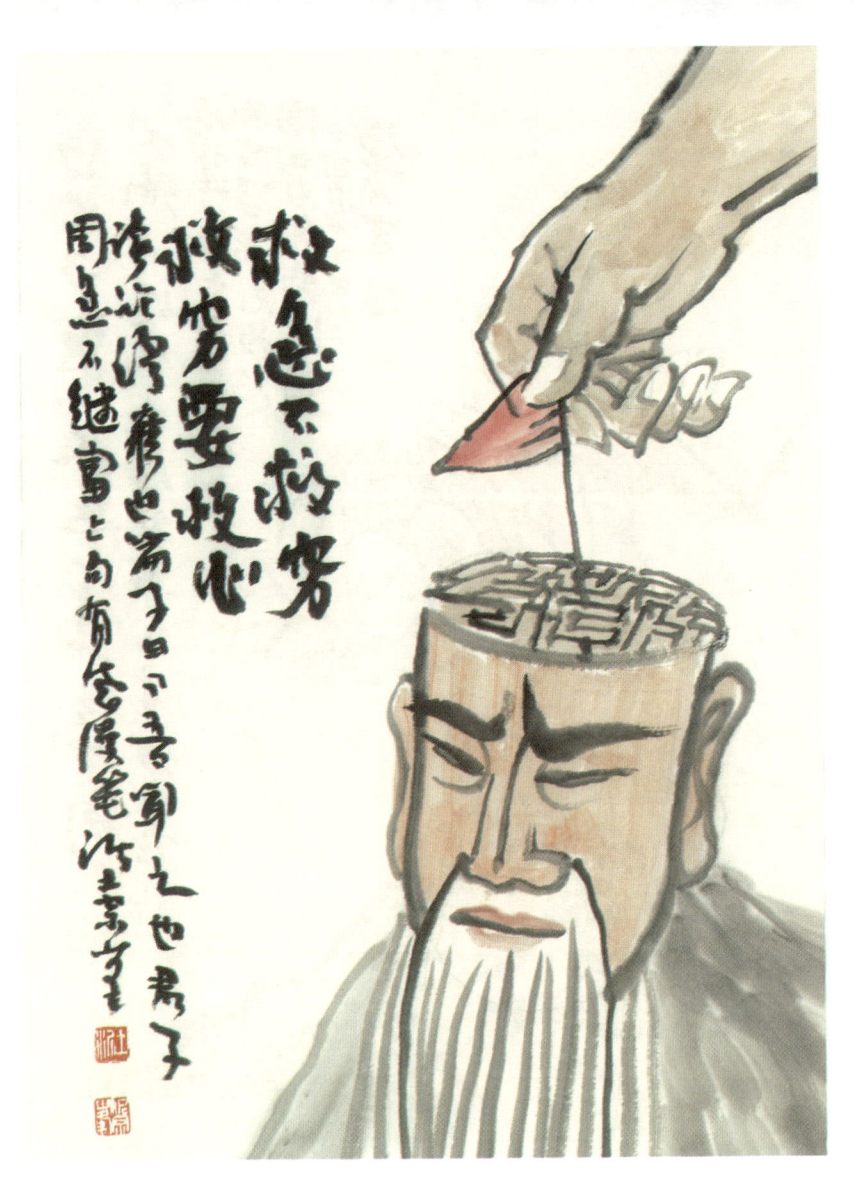

周急不继富

原　文　子曰："赤之适齐也，乘肥马，衣轻裘。吾闻之也：君子周急不继富。"（出自《雍也篇》）

译　文　孔子说："公西赤到齐国去，乘坐着壮马驾的车子，穿着又暖和又轻便的皮袍。我听说的是：君子只是周济急需救济的人，而不是富人。"

注　继富：使富上加富。

半部论语书天下

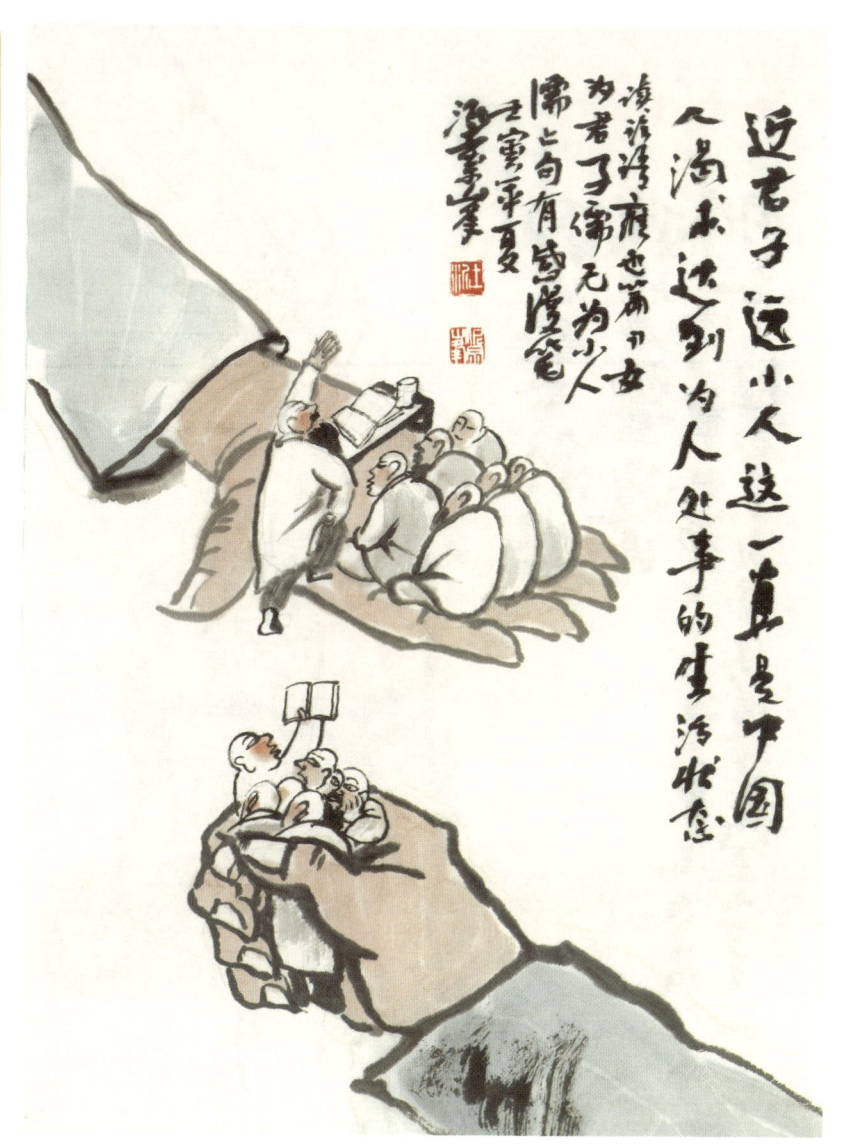

悟话：近君子，远小人，这一直是中国人渴求达到（的）为人处事的生活状态。

为君子儒

原　文　子谓子夏曰："女为君子儒，无为小人儒。"（出自《雍也篇》）

译　文　孔子对子夏说："你要做君子式的儒者，而不要做小人式的儒者。"

悟话：文不迂腐，野不粗鄙，君子品德。

文质彬彬，然后君子

原　文　子曰："质胜文则野，文胜质则史。文质彬彬，然后君子。"（出自《雍也篇》）

译　文　孔子说："质朴胜过文采则显得粗野；文采多于质朴，则显得虚伪、浮夸。只有质朴和文采配合恰当，才是个君子。"

悟话：乐知是通达智慧彼岸的方舟。

知之、好之、乐之

原文 子曰："知之者不如好之者，好之者不如乐之者。"
（出自《雍也篇》）

译文 孔子说："（对于任何学问和业务）懂得它的人，不如喜好它的人；喜好它的人，又不如以它为乐的人。"

悟话：据德而行的人，自然会被人们所敬仰。

敬鬼神而远之

原　文　樊迟问知。子曰："务民之义，敬鬼神而远之，可谓知矣。"（出自《雍也篇》）

译　文　樊迟问孔子怎样才算是聪明。孔子说："把心力专一地放在使人民走向'义'上，尊敬鬼神而远离它，就可以说是聪明了。"

51

悟话：所有的收获，皆是艰苦奋斗后的所得。

先难而后获

原　文　问仁。曰："仁者先难而后获，可谓仁矣。"（出自《雍也篇》）

译　文　（樊迟）问怎样才是仁德。孔子说："仁德的人先付出后收获，这可以说是仁德了。"

悟话：人既然是大自然中的一部分，就应彼此相互欣赏和爱护。

乐水乐山

原 文　子曰："知者乐水，仁者乐山。知者动，仁者静。知者乐，仁者寿。"（出自《雍也篇》）

译 文　孔子说："聪明人喜爱水，仁人喜爱山。聪明人灵动，仁人沉静。聪明人快乐，仁人长寿。"

半部論語書天下

悟话：人的寿命是有限的，仁者的精神是无限的。

题画：人的寿命是有限的，仁者的精神是无限的。浓淡浑顽，也箫于写辛丑冬月，苦乐仁者房之句有涂涂笔 江天耀

知者乐，仁者寿

原文 子曰："知者乐水，仁者乐山。知者动，仁者静。知者乐，仁者寿。"（出自《雍也篇》）

译文 孔子说："聪明人喜爱水，仁人喜爱山。聪明人灵动，仁人沉静。聪明人快乐，仁人长寿。"

悟话：被欺骗只不过是物质的损失，如被侮辱就是人格的丧失。

可欺也，不可罔也

原　文　子曰："君子可逝也，不可陷也；可欺也，不可罔也。"
（出自《雍也篇》）

译　文　孔子说："君子可以让他远远走开，却不可以陷害他；可以欺骗他，但不能愚弄他。"

半部論語書天下

悟话：中庸不只是讲只走中间的道，而是讲选择走符合规律的路。

中庸不只是讲只走中间的道，而是讲选择走符合规律的路。子曰"中庸之为德也，其至矣乎！民鲜久矣"

中庸为德

原文 子曰："中庸之为德也，其至矣乎！民鲜久矣。"
（出自《雍也篇》）

译文 孔子说："中庸作为一种道德，应该是最高的了！但人们已经很久没有达到这种境界了。"

悟话：今天去帮助别人，就是帮助明天的自己。

己欲立而立而立人，己欲达而达人

原文 子曰："夫仁者，己欲立而立人，己欲达而达人。能近取譬，可谓仁之方也已。"（出自《雍也篇》）

译文 孔子说："仁是什么呢？就是要想自己站得住，也要帮助别人一同站得住；要想自己事事行得通，也要帮助别人事事行得通。凡事能够推己及人，可以说就是实行仁的方法了。"

悟话：学习让人进步，传道使人解惑，坚持才能成功。

学而不厌，诲人不倦

原文 子曰："默而识之，学而不厌，诲人不倦，何有于我哉？"（出自《述而篇》）

译文 孔子说："默默地记住（所学的知识），坚持学习不觉得厌烦，教人而不知道疲倦，这些事情我做到了哪些呢？"

注 识［zhì］：记住。何有：有什么。

悟话：志道游艺，也是一种修行过程。

志道游艺

原　文　子曰："志于道，据于德，依于仁，游于艺。"（出自《述而篇》）

译　文　孔子说："以道为志向，以德为根据，以仁为凭借，活动于礼、乐、射、御、书、数六艺之中。"

悟话：劝人也要学会把握在对方急需时。

不愤不启，不悱不发

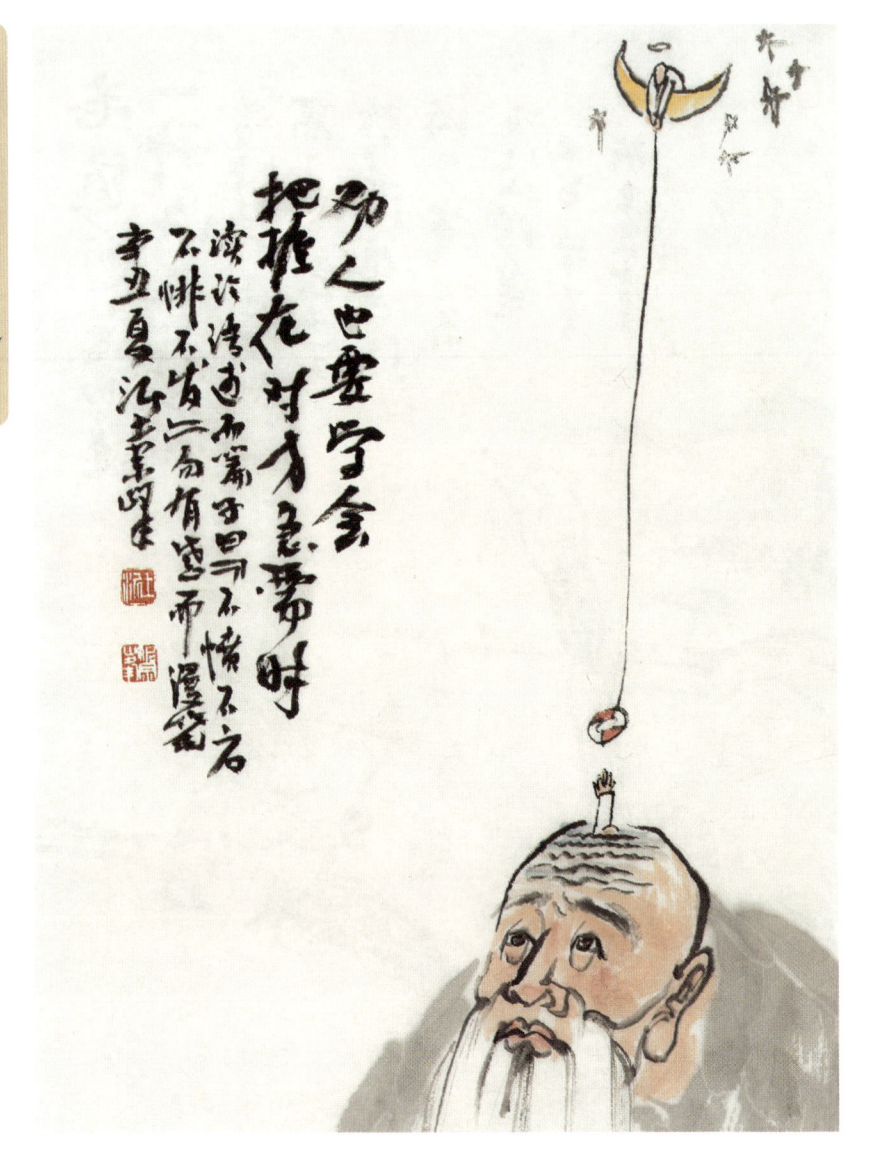

原文 子曰："不愤不启，不悱不发。"（出自《述而篇》）

译文 孔子说："教导学生，不到他想弄明白而不得的时候，不去开导他；不到他想说却说不出来的时候，不去启发他。"

注　悱 [fěi]：心里想说而说不出来。

悟话：好谋成好事，好事找好人。

好谋而成

原　文　子曰："暴虎冯河，死而无悔者，吾不与也。必也临事而惧，好谋而成者也。"（出自《述而篇》）

译　文　孔子说："赤手空拳和老虎搏斗，徒步涉水过河，这样死了都不后悔的人，我是不会和他在一起共事的。（我要找的）一定是遇事小心谨慎，善于谋划而能争取成功的人。"

画上题字：一切被不义之财奴役后而获得的享受应视因为浮云。"不义而富且贵于我如浮云"演泽须远而深勿有繁漫笔辛丑冬老乙亥

悟话：一切被不义之财奴役后而获得的享受，应视为浮云。

不义而富且贵，于我如浮云

原　文　子曰："饭疏食饮水，曲肱而枕之，乐亦在其中矣。不义而富且贵，于我如浮云。"（出自《述而篇》）

译　文　孔子说："吃粗粮，喝凉水，弯着胳膊当枕头，这中间也有乐趣。用不正当的手段得来的富贵，在我看来就像天上的浮云一样。"

悟话：读书能让人从落寂中置换到快乐的时光里。

乐以忘忧

原　文　叶公问孔子于子路，子路不对。子曰："女奚不曰，其为人也，发愤忘食，乐以忘忧，不知老之将至云尔。"（出自《述而篇》）

译　文　叶公向子路问孔子是个什么样的人，子路不答。孔子（对子路）说："你为什么不说，他这个人用功时连吃饭都忘了，快乐得把一切忧虑都忘了，连自己快要老了都不知道，如此而已。"

半部论语书天下

悟话：资质是天生的，知识是后天学来的。

非生而知之

原文 子曰："我非生而知之者，好古，敏以求之者也。"
（出自《述而篇》）

译文 孔子说："我不是生来就有知识的人，而是爱好古代的文化，勤奋敏锐地去求得知识的人。"

悟话：多人走在路上，走得好与走得坏，全由自己把控。

三人行，必有我师

原　文　子曰："三人行，必有我师焉。择其善者而从之，其不善者而改之。"（出自《述而篇》）

译　文　孔子说："几个人一起走路，其中必定有人可以做我的老师。我选择他的优点向他学习，看到他的缺点就作为借鉴，加以改正。"

半部論語書天下

悟话：只有见多识广，才能遇事不慌。

多见而识

原文 子曰："盖有不知而作之者，我无是也。多闻，择其善者而从之；多见而识之；知之次也。"（出自《述而篇》）

译文 孔子说："有这样一种人，可能他什么都不懂却在那里凭空造作，我却没有这样做过。多听，选择其中好的来学习；多看，牢记在心里。这就是仅次于'生而知之'的求知方法。"

我欲仁，斯仁至矣

原 文 子曰："仁远乎哉？我欲仁，斯仁至矣。"（出自《述而篇》）

译 文 孔子说："仁难道离我们很远吗？我想达到仁，仁就来了。"

悟 话：善与恶互生，社会上行善的人多了，未来社会一定会发达。

悟 话： 当君子向人们敞开心灵的窗户时，更要提防小人的钻入。

君子坦荡荡，小人长戚戚

原　文　子曰："君子坦荡荡，小人长戚戚。"（出自《述而篇》）
译　文　孔子说："君子心胸宽广，小人经常忧愁。"

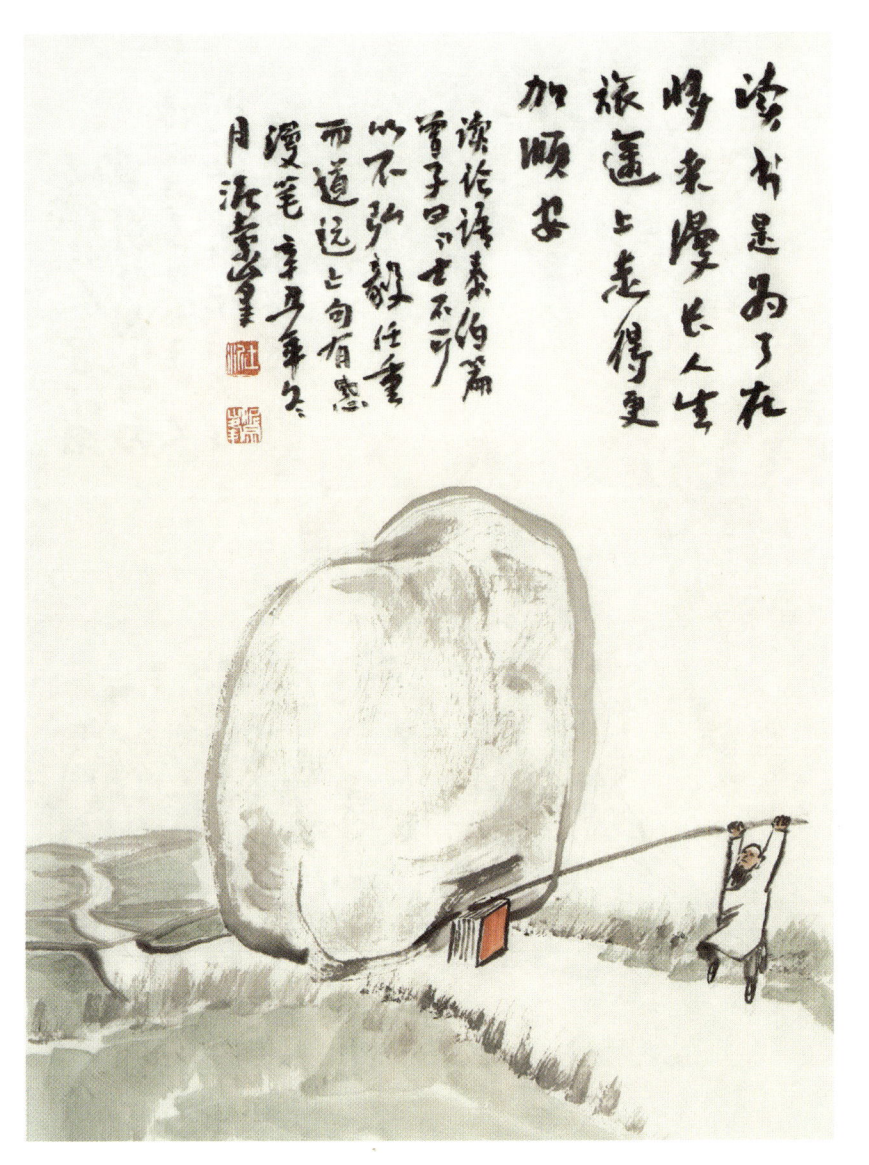

悟话：读书是为了在将来漫长人生旅途上，走得更加顺安。

任重道远

原　文　曾子曰："士不可以不弘毅，任重而道远。仁以为己任，不亦重乎？死而后已，不亦远乎？"（出自《泰伯篇》）

译　文　曾子说："读书人不可以不心胸宽广和意志坚强，因为他责任重大而道路遥远。把实现仁德作为自己的责任，不也沉重吗？奋斗终身，死而后已，路程不也遥远吗？"

悟话：以德化人，要比用严罚征服有效。

人而不仁，疾之已甚，乱也

原文 子曰："人而不仁，疾之已甚，乱也。"（出自《泰伯篇》）

译文 孔子说："对于不仁的人，痛恨太甚，是一种祸乱。"

悟话：劳动让人幸福，懒惰使人堕落。

邦有道，贫且贱焉，耻也

原文 子曰："天下有道则见，无道则隐。邦有道，贫且贱焉，耻也；邦无道，富且贵焉，耻也。"（出自《泰伯篇》）

译文 孔子说："世上太平就出来做官；不太平就隐居不出。国家太平而自己贫贱，是耻辱；国家政治黑暗而自己富贵，也是耻辱。"

悟话：在其位，不越其位，才是一种大家都感到很舒服的状态。

不在其位，不谋其政

原文 子曰："不在其位，不谋其政。"（出自《泰伯篇》）

译文 孔子说："不在那个职位上，就不考虑那职位上的事。"

悟话：追赶知识，取其精华。

学如不及，犹恐失之

原　文　子曰："学如不及，犹恐失之。"（出自《泰伯篇》）

译　文　孔子说："学习知识就像追赶什么东西一样总怕追赶不上，学到以后还生怕忘掉。"

悟话：当一个人没有能力在官场上混事，就一定要学门技艺用来养家糊口。

吾不试，故艺

原　文　牢曰："子云：'吾不试，故艺。'"（出自《子罕篇》）

译　文　子牢说："孔子说过，我（年轻时）没有被国家任用，所以会许多技艺。"

注　牢：郑玄说此人是孔子的学生。

悟话：人们能留得住河岸，却留不住湍急的河流。

逝者如斯夫

原　文　子在川上，曰："逝者如斯夫！不舍昼夜。"（出自《子罕篇》）

译　文　孔子在河边说："消逝的时光就像这河水一样啊！不分昼夜地流去。"

牛部論語書天下

悟话：努力后又被后来者赶上并安慰和鼓励，是社会发展之必然。

后生可畏

原文 子曰："后生可畏，焉知来者之不如今也？四十、五十而无闻焉，斯亦不足畏也已。"（出自《子罕篇》）

译文 孔子说："年轻人是值得敬畏的，怎么就知道后一代赶不上前一代呢？如果一个人到了四五十岁时仍然不能体悟大道，也就不值得惧怕了。"

悟话：人们愿不愿意听其讲话，是听话人判断讲话人德行的标准。

法语之言，能无从乎

原文 子曰："法语之言，能无从乎？改之为贵。巽与之言，能无说乎？绎之为贵。"（出自《子罕篇》）

译文 孔子说："严肃而符合道理的话，能不接受吗？（只有按它来）改正自己的错误才是可贵的。恭顺赞许的话，谁能听了不高兴呢？但只有认真推究它（的真伪是非）才是可贵的。"

悟话：使命和信仰让人的志气更加坚毅。

匹夫不可夺志也

原文　子曰："三军可夺帅也，匹夫不可夺志也。"（出自《子罕篇》）

译文　孔子说："一国军队，可以夺去它的主帅；但一个人的志气是不能被强迫改变的。"

注　三军：12500人为一军，"三军"是军队的统称。匹夫：平民百姓，主要指男子。

悟话：岁寒知松柏，冷暖人心懂。

岁寒知松柏

原文 子曰："岁寒，然后知松柏之后凋也。"（出自《子罕篇》）

译文 孔子说："到了寒冷的季节，才知道松柏迟迟不凋谢的可贵啊。"

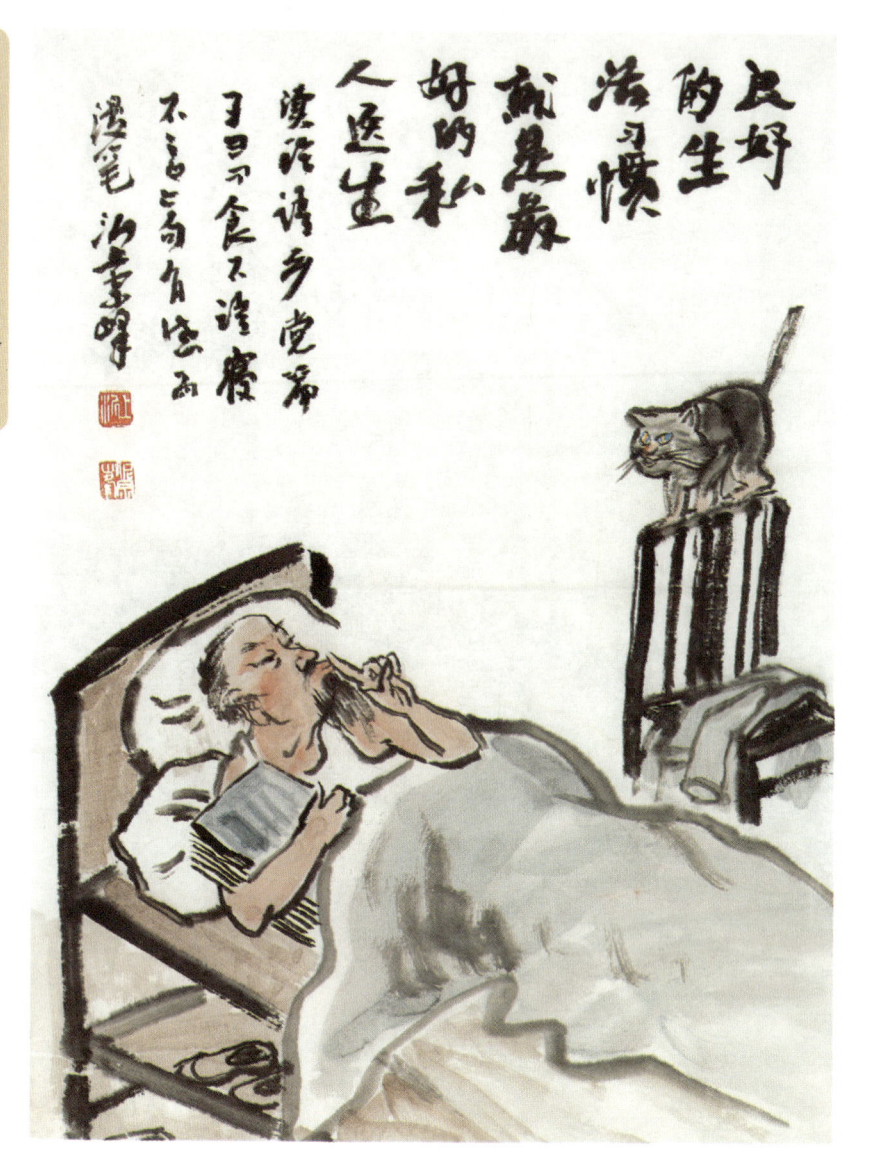

悟话：良好的生活习惯，就是最好的私人医生。

食不语，寝不言

原　文　食不语，寝不言。（出自《乡党篇》）

译　文　吃饭的时候不交谈，睡觉的时候不说话。

悟话：人是创造社会的根本，如果没有了人，就没有了一切。

问人不问马

原　文　厩焚。子退朝，曰："伤人乎？"不问马。（出自《乡党篇》）

译　文　马棚失火了。孔子从朝廷回来，道："伤到人了吗？"而不问马的情况怎么样。

半部論語書天下

悟话：只有真心去侍奉别人，别人才会把你当『神』侍奉。

未知生，焉知死

原文 季路问事鬼神。子曰："未能事人，焉能事鬼？"曰："敢问死。"曰："未知生，焉知死？"（出自《先进篇》）

译文 季路问怎样去侍奉鬼神。孔子说："没能侍奉人，怎么能侍奉鬼呢？"季路说："死是怎么回事？"（孔子回答）说："还不知道活着的道理，怎么能懂得死呢？"

悟话：话多不如话少，话少不如说到实处好。

言必有中

原　文　鲁人为长府。闵子骞曰："仍旧贯，如之何？何必改作？"子曰："夫人不言，言必有中。"（出自《先进篇》）

译　文　鲁国翻修名为长府的国库。闵子骞道："原来的样子不好吗？何必改建呢？"孔子道："这个人平日不爱讲话，但一开口就说到点子上。"

83

半部論語書天下

悟话：借路前行，一定要借智慧之路。

不践迹，亦不入于室

原　文　子张问善人之道。子曰："不践迹，亦不入于室。"
（出自《先进篇》）

译　文　子张问做善人的方法。孔子说："如果不沿着前人的积德之道走下去，学问和修养也就做不到家。"

悟话：欲望与生俱来，谁对欲望节制有度，谁就能轻松愉快地走在路上。

克己复礼为仁

原文 颜渊问仁。子曰："克己复礼为仁。"（出自《颜渊篇》）

译文 颜渊问孔子什么才是仁德。孔子说："克制自己的欲望，使自己的一切言行都合乎礼的要求，这就是仁。"

注 克己：克制自己。复礼：使自己的言行符合礼的要求。

半部論語書天下

悟话：逆境下的艰辛与顺境上的安逸，都是靠自己经营出来的。

为仁由己

原　文　子曰："为仁由己，而由人乎哉？"（出自《颜渊篇》）

译　文　孔子说："实行仁德，完全在于自己，难道还在于别人吗？"

悟话：非礼的事不看、不听、不动、不说，是非就少有缠身。

非礼勿言，非礼勿动

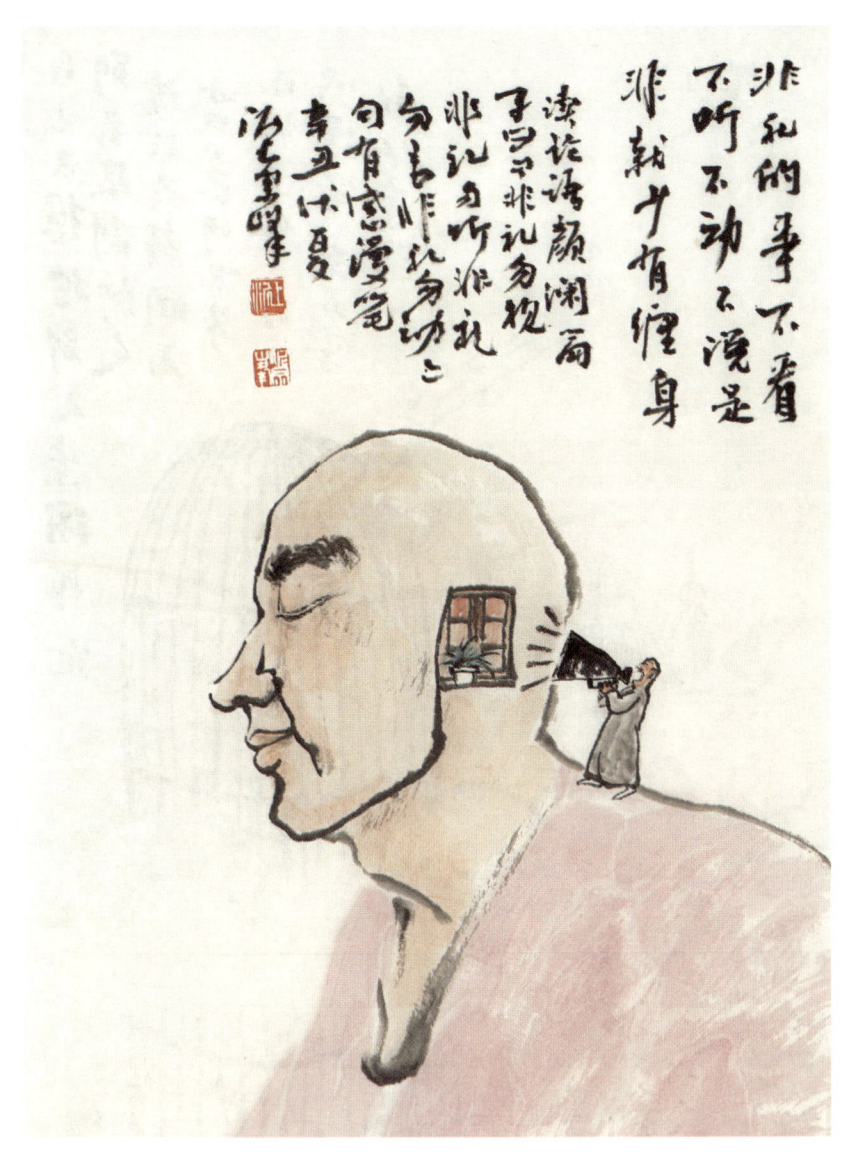

原文 子曰："非礼勿视，非礼勿听，非礼勿言，非礼勿动。"
（出自《颜渊篇》）

译文 孔子说："不合乎礼的不要看，不合乎礼的不要听，不合乎礼的不要说，不合乎礼的不要做。"

悟话： 自己不想被别人禁锢，那就别去限制别人。

己所不欲，勿施于人

原　文　仲弓问仁。子曰："出门如见大宾，使民如承大祭。己所不欲，勿施于人。"（出自《颜渊篇》）

译　文　仲弓问怎样做才算作仁德。孔子说："出门办事如同去接待贵宾，役使百姓如同去进行重大的祭祀一样谨慎。自己不想要的，不要强加于别人。"

悟话：见波澜心不惊，是由于不因外物好坏和自己得失而喜或悲。

内省不疚

原文 司马牛问君子。子曰："君子不忧不惧。"曰："不忧不惧，斯谓之君子已乎？"子曰："内省不疚，夫何忧何惧？"（出自《颜渊篇》）

译文 司马牛问君子是什么样的。孔子说："君子不忧愁，不恐惧。"司马牛说："不忧愁，不恐惧，这样就可以称为君子了吗？"孔子说："自己问心无愧，那还有什么可以忧愁和恐惧的呢？"

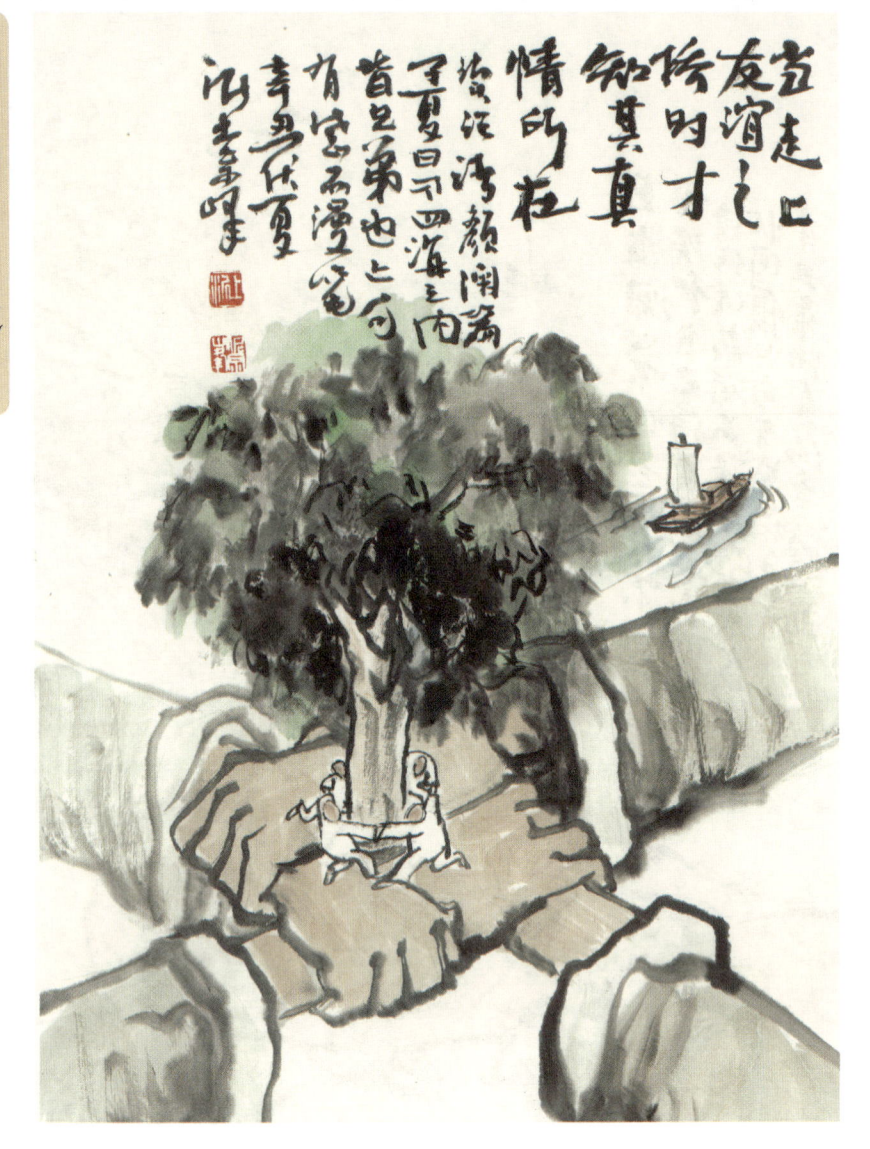

悟话：当走上友谊之桥时，才知其真情所在。

四海之内皆兄弟

原文 子夏曰："商闻之矣：死生有命，富贵在天。君子敬而无失，与人恭而有礼，四海之内，皆兄弟也。君子何患乎无兄弟也？"（出自《颜渊篇》）

译文 子夏说："我听说过：死生有命，富贵在天。君子只要对待所做的事情严肃认真，不出差错，对人恭敬有礼，那么，天下人就都是自己的兄弟了。君子怎么会担心没有兄弟呢？"

悟话：忠实和坚韧是灯塔的品质。

居之无倦，行之以忠

原　文　子张问政。子曰："居之无倦，行之以忠。"（出自《颜渊篇》）

译　文　子张问如何治理政事。孔子说："居于官位不懈怠，执行政令要忠心。"

悟话：书籍是度量人类行为最好的尺子。

博学于文，约之以礼

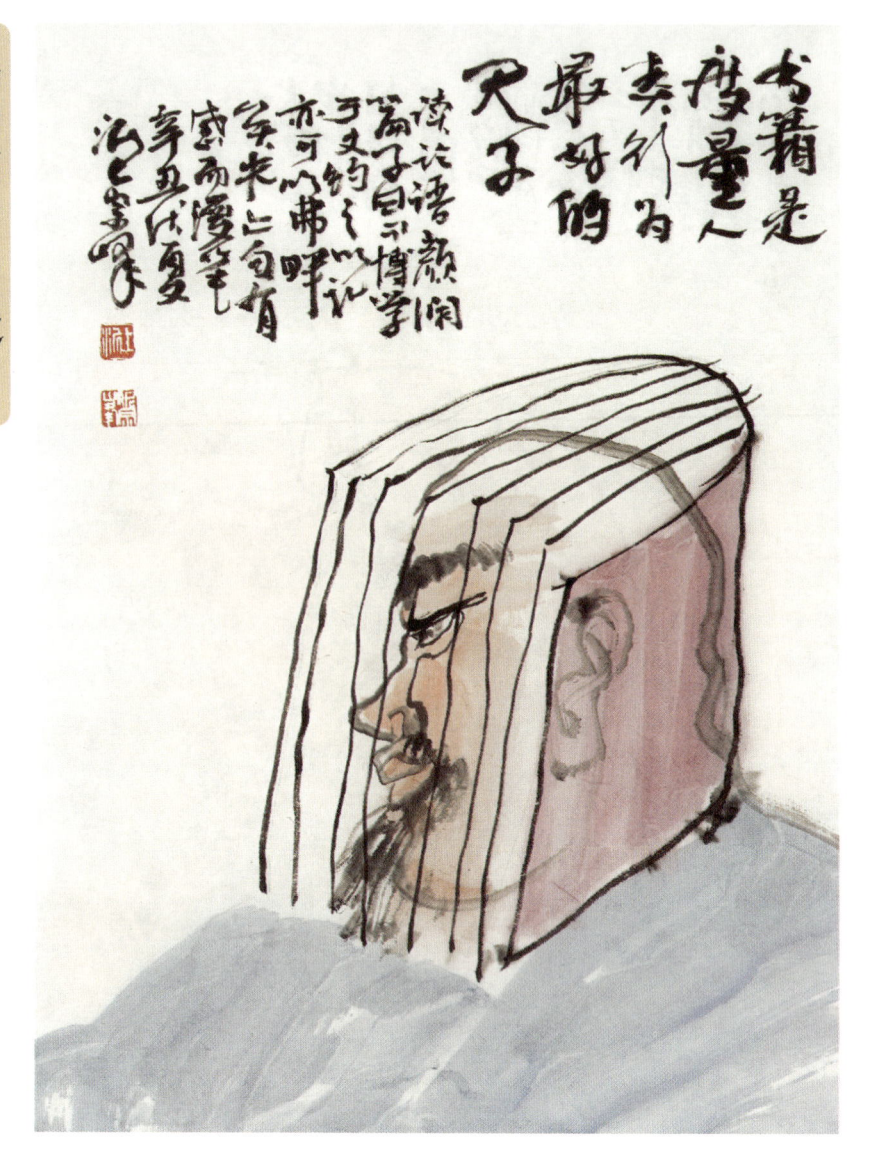

原　文　子曰："博学于文，约之以礼，亦可以弗畔矣夫！"
（出自《颜渊篇》）

译　文　孔子说："广泛地学习文献，用礼来约束自己，也就不会背离正道了！"

悟话：成人之美需要有博爱的胸怀。

成人之美

原 文 子曰："君子成人之美，不成人之恶。小人反是。"
（出自《颜渊篇》）

译 文 孔子说："君子成全别人的好事，而不促成别人的坏事。小人则与此相反。"

半部论语书天下

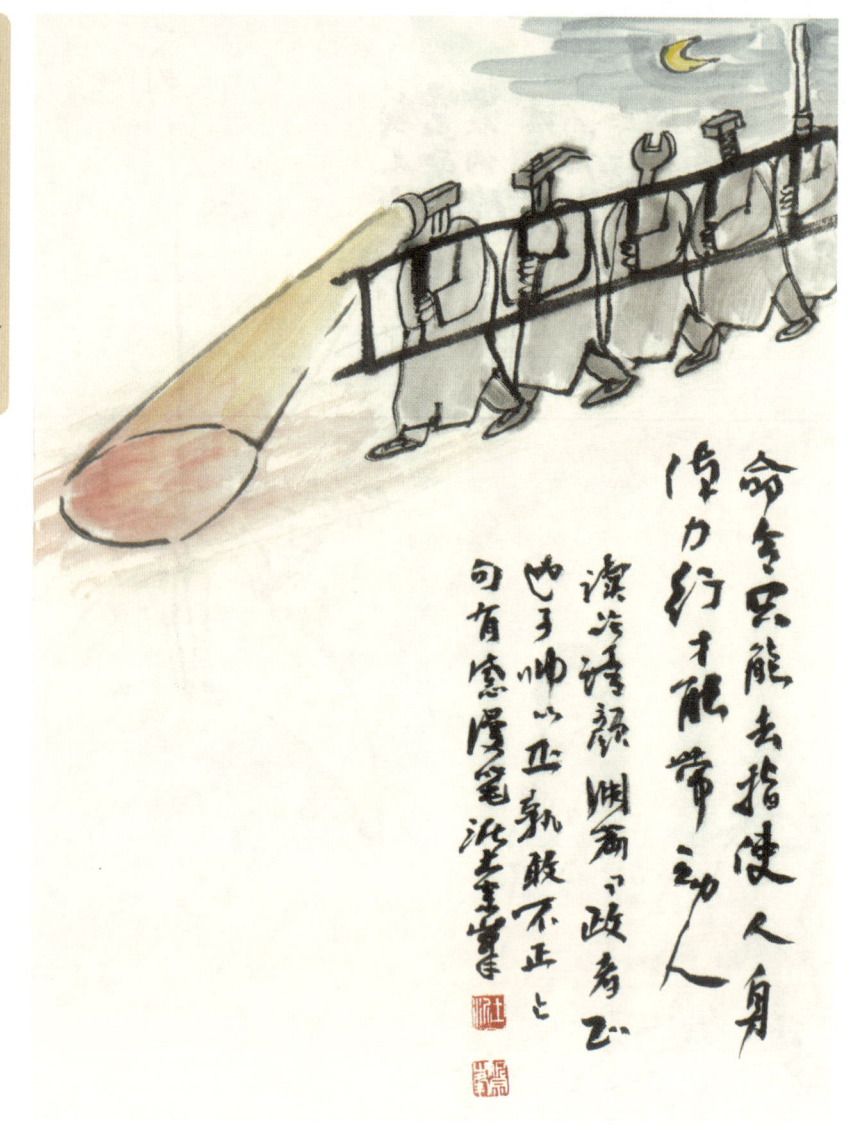

悟话：命令只能去指使人，身体力行才能带动人。

政者正也

原文 季康子问政于孔子。孔子对曰："政者，正也。子帅以正，孰敢不正？"（出自《颜渊篇》）

译文 季康子问孔子什么是政治。孔子回答说："政就是正的意思。您带头走正路，那么还有谁敢不走正路呢？"

悟话：风是高洁的，是无私的，是助人们高飞的翅膀。

君子德风

原　文　孔子对曰："子为政，焉用杀？子欲善而民善矣。君子之德风，小人之德草，草上之风，必偃。"（出自《颜渊篇》）

译　文　孔子回答（季康子）说："您治理政务，何必要杀戮呢？自己想做好事，老百姓也会跟着做好事。在位者的品德好比风，老百姓的品德好比草，风吹到草上，草就必定跟着倒。"

悟话：质直好义，是内外兼修而达到朴实仗义的好品质。

质直而好义

原文 子曰："夫达也者，质直而好义，察言而观色，虑以下人。"（出自《颜渊篇》）

译文 孔子说："所谓通达，是要品质正直，遵从礼义，善于揣摩别人的话语，观察别人的脸色，经常想着谦恭待人。"

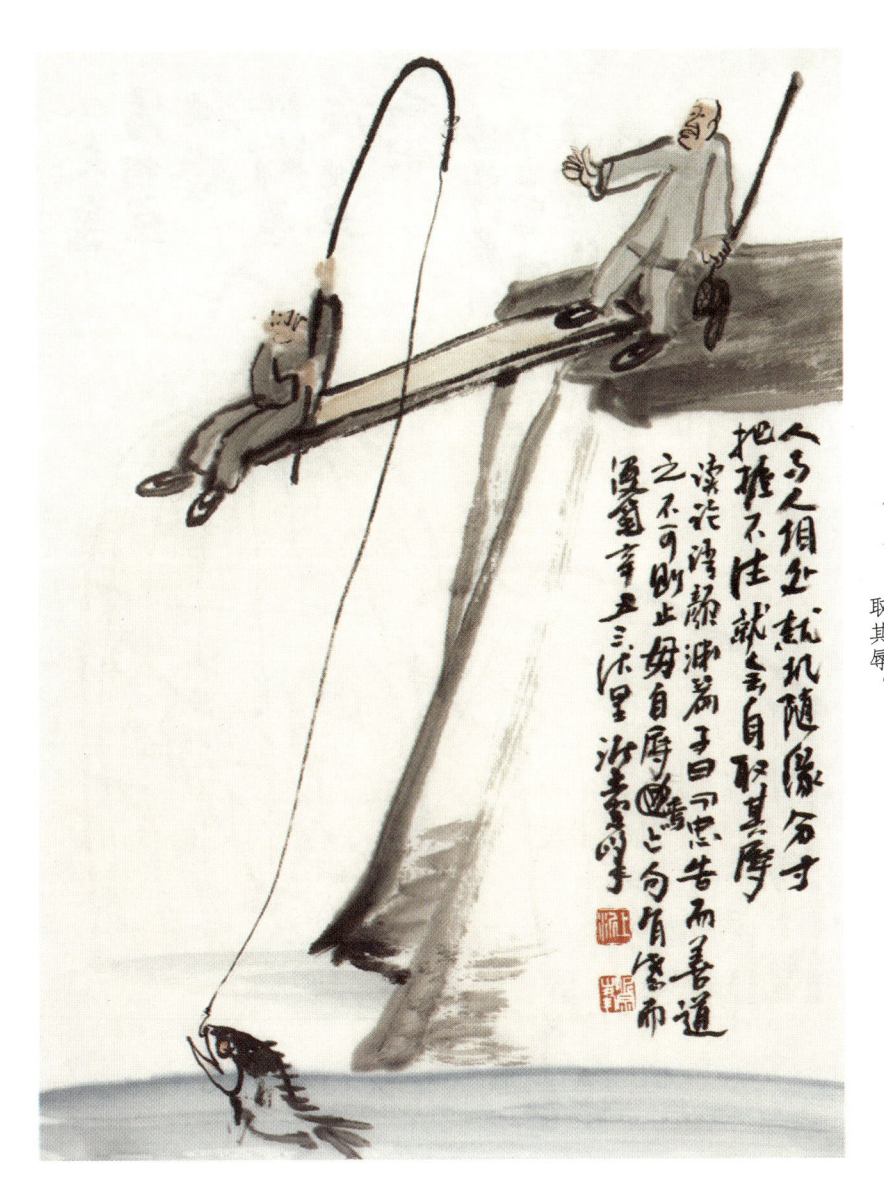

悟话： 人与人相处，就机随缘，分寸把握不住，就会自取其辱。

忠告善道

原　文　子贡问友。子曰："忠告而善道之，不可则止，毋自辱焉。"（出自《颜渊篇》）

译　文　子贡问怎样对待朋友。孔子说："忠心地劝告他，恰当地引导他，如果（他）不听也就罢了，不要自取其辱。"

悟话：以文会友，相互扶持，以财会友，相互利用。

以文会友

原　文　曾子曰："君子以文会友，以友辅仁。"（出自《颜渊篇》）

译　文　曾子说："君子以文章学问来结交朋友，依靠朋友来培养自己的仁德。"

悟话：积极带领大家共同发展，是一种综合能力的体现。

先之劳之

原　文　子路问政。子曰："先之劳之。"请益。曰："无倦。"（出自《子路篇》）

译　文　子路问怎样治理国家。孔子说："要带头去干，然后让老百姓勤劳地干。"子路请求进一步讲。孔子说："永远不要懈怠。"

99

悟话： 建议权人人都会有，裁决权只能在少数人手中。

举尔所知

原　文　子曰："举尔所知；尔所不知，人其舍诸？"（出自《子路篇》）

译　文　孔子说："选拔你所知道的（优秀人才）；至于你所不知道的，别人难道还会埋没他们吗？"

悟话：正义号召人们团结在一起。

名正言顺

原　文　子曰："名不正则言不顺；言不顺则事不成；事不成则礼乐不兴；礼乐不兴则刑罚不中；刑罚不中则民无所措手足。"（出自《子路篇》）

译　文　孔子说："名分不正，说起话来就不顺当；说话不顺当，事情就办不成；事情办不成，礼乐也就不能兴盛；礼乐不能兴盛，刑罚的执行就不会得当；刑罚不得当，百姓就坐立不安。"

牛部论语书天下

悟话：领导者的人格魅力，决定其对团队的影响力。

其身正，不令而行

原　文　子曰："其身正，不令而行；其身不正，虽令不从。"
（出自《子路篇》）

译　文　孔子说："当权者品行端正，即使不下命令，政令也行得通；当权者自身不正，即使下命令，老百姓也不会服从。"

悟话：只有施善惠人，大家才能和你共享美好生活。

近悦远来

原文　叶公问政。子曰："近者说，远者来。"（出自《子路篇》）

译文　叶公问孔子怎样管理政事。孔子说："使在您统治下的百姓感到高兴，使境外的人诚心归服。"

悟话：人生的目标和欲望，永远是跟着人的心智改变的。

欲速则不达

原文 子夏为莒父宰，问政。子曰："无欲速，无见小利。欲速，则不达；见小利，则大事不成。"（出自《子路篇》）

译文 子夏做莒父这个地方的总管，他向孔子询问怎样管理国家政事。孔子说："不要只求快，不要贪小利。求快，反而达不到目的；贪求小利，就做不成大事。"

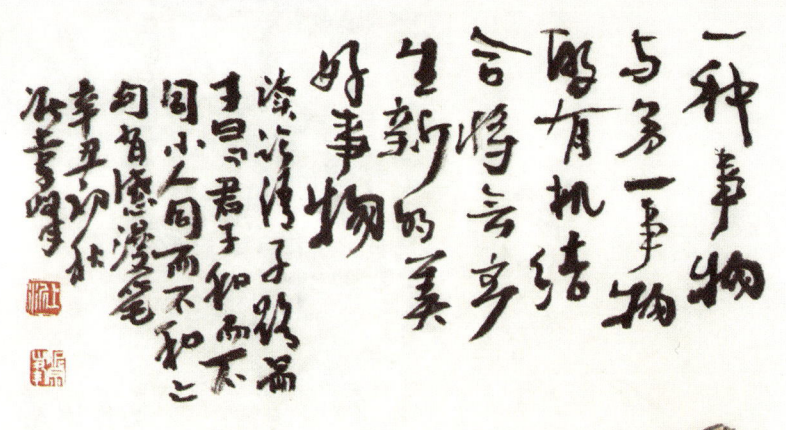

悟话：一种事物与另一事物的有机结合，将会产生新的美好事物。

和而不同

原文 子曰："君子和而不同，小人同而不和。"（出自《子路篇》）

译文 孔子说："君子讲协调而不盲目附和，小人盲目附和而不讲求协调。"

注 和：和谐，协调。同：指人云亦云，盲目附和。

悟话： 善有善得，恶有恶报，天理公道。

善者好之，其不善恶之

原文 "乡人皆恶之，何如？"子曰："未可也。不如乡人之善者好之，其不善者恶之。"（出自《子路篇》）

译文 （子贡问）"全乡的人都厌恶他，这个人怎么样？"孔子说："这还不行。最好是全乡的好人都喜欢他，全乡的坏人都厌恶他。"

悟话：当君子识破谗言佞语、小人伎俩后，会当机断交。

君子易事而难说也

原　文　子曰："君子易事而难说也。"（出自《子路篇》）

译　文　孔子说："和君子相处共事很容易，讨他的喜欢却很难。"

注　易事：易于相处共事。

半部论语书天下

悟话：获知欲最能使人奔向那广阔天地。

士不怀居

原　文　子曰："士而怀居，不足以为士矣。"（出自《宪问篇》）

译　文　孔子说："读书人如果留恋安逸的生活，就不配称作读书人了。"

悟话：好人一定会说出好听的话，但是能说好听话的不一定都是好人。

有德者必有言

原　文　子曰："有德者必有言，有言者不必有德。仁者必有勇，勇者不必有仁。"（出自《宪问篇》）

译　文　孔子说："有道德的人，一定能说出有道理的言论，但是能说出有道理言论的人，不一定有道德。仁人一定勇敢，但勇敢的人不一定有仁德。"

悟话：有人学习是为了修身养性，有人学习是为了显摆。

古之学者为己，今之学者为人

原文 子曰："古之学者为己，今之学者为人。"（出自《宪问篇》）

译文 孔子说："古人学习是为了提高自己，而现在的人学习是为了装饰给别人看。"

悟话：没有坦然的心境，也不会有仁德的胸怀。

仁者不忧

原文 子曰："君子道者三，我无能焉：**仁者不忧**，知者不惑，勇者不惧。"子贡曰："夫子自道也。"
（出自《宪问篇》）

译文 孔子说："君子所行的三件事，我都未能做到：**仁德的人不忧愁**，聪明的人不迷惑，勇敢的人不畏惧。"子贡说："这正是老师的自我表述啊！"

半部论语书天下

悟话：不断求取知识的人，不会被事物的表面现象所迷惑。

知者不惑

原文 子曰："君子道者三，我无能焉：仁者不忧，<u>知者不惑</u>，勇者不惧。"子贡曰："夫子自道也。"
（出自《宪问篇》）

译文 孔子说："君子所行的三件事，我都未能做到：仁德的人不忧愁，<u>聪明的人不迷惑</u>，勇敢的人不畏惧。"子贡说："这正是老师的自我表述啊！"

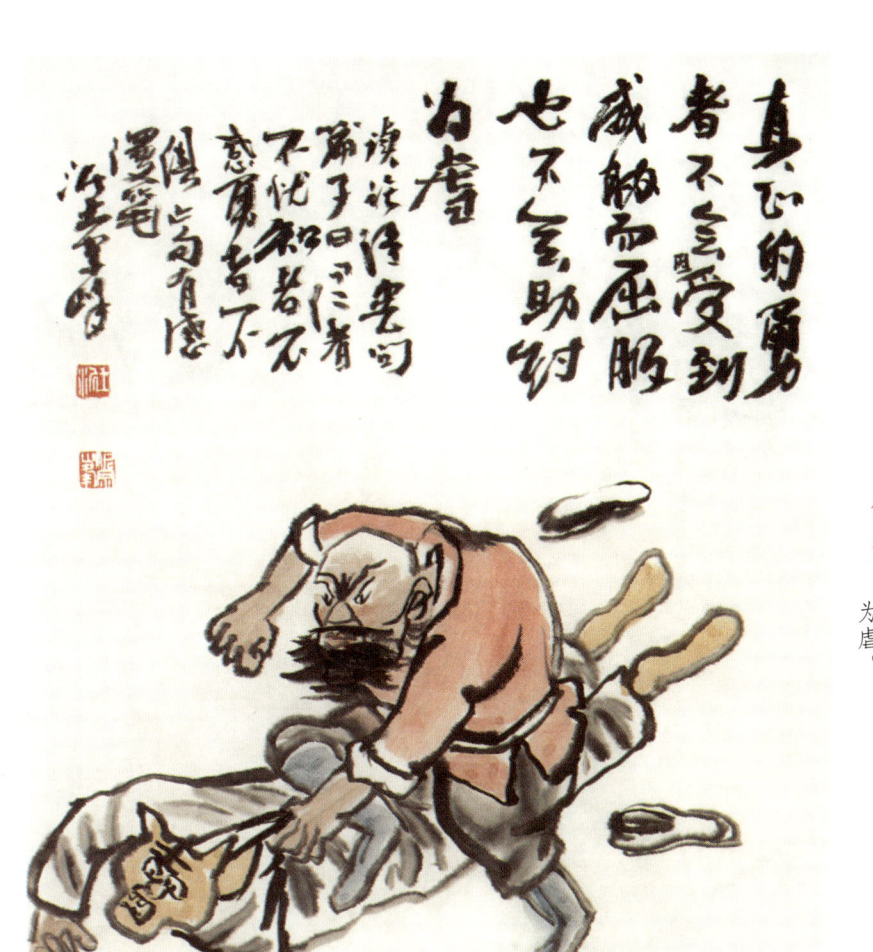

悟话：真正的勇者不会因受到威胁而屈服，也不会助纣为虐。

勇者不惧

原文 子曰："君子道者三，我无能焉：仁者不忧，知者不惑，**勇者不惧**。"子贡曰："夫子自道也。"
（出自《宪问篇》）

译文 孔子说："君子所行的三件事，我都未能做到：仁德的人不忧愁，聪明的人不迷惑，**勇敢的人不畏惧**。"子贡说："这正是老师的自我表述啊！"

半部论语书天下

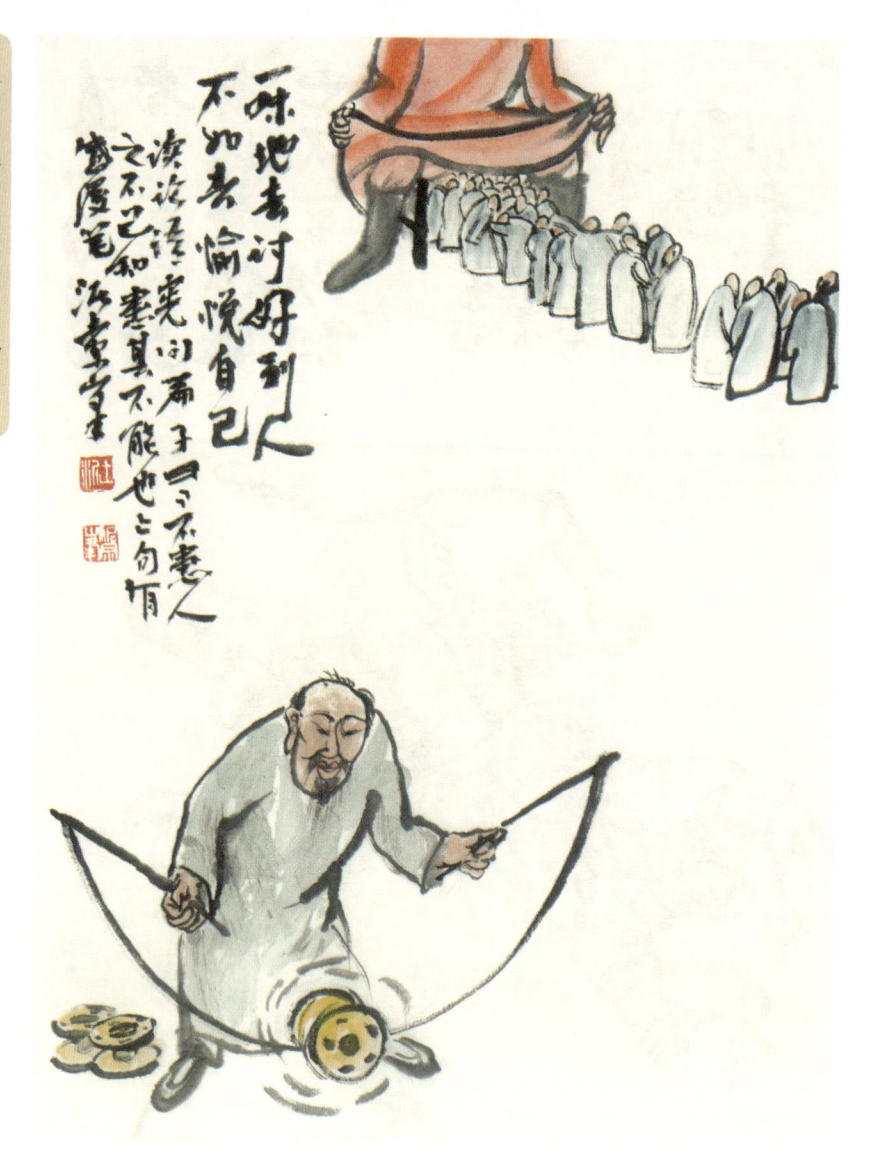

悟话：一味地去讨好别人，不如去愉悦自己。

患其不能

原　文　子曰："不患人之不己知，患其不能也。"（出自《宪问篇》）

译　文　孔子说："不忧虑别人不了解自己，只担心自己没本事。"

悟话：一个人能被当作人才为人称道，很大程度上取决于其品德是否高尚。

骥不称其力，称其德也

原　文　子曰："骥不称其力，称其德也。"（出自《宪问篇》）

译　文　孔子说："称千里马为骥不是称赞它善跑的力气，而是称赞它的品德。"

半部論語書天下

悟话：公平公正，奖罚分明，是维护社会有序存在的基本条件。

以直报怨，以德报德

原文 或曰："以德报怨，何如？"子曰："何以报德？以直报怨，以德报德。"（出自《宪问篇》）

译文 有人说："用恩德来报答怨恨，怎么样？"孔子说："那又用什么来报答恩德呢？应该用公平无私来报答怨恨，用恩德来报答恩德。"

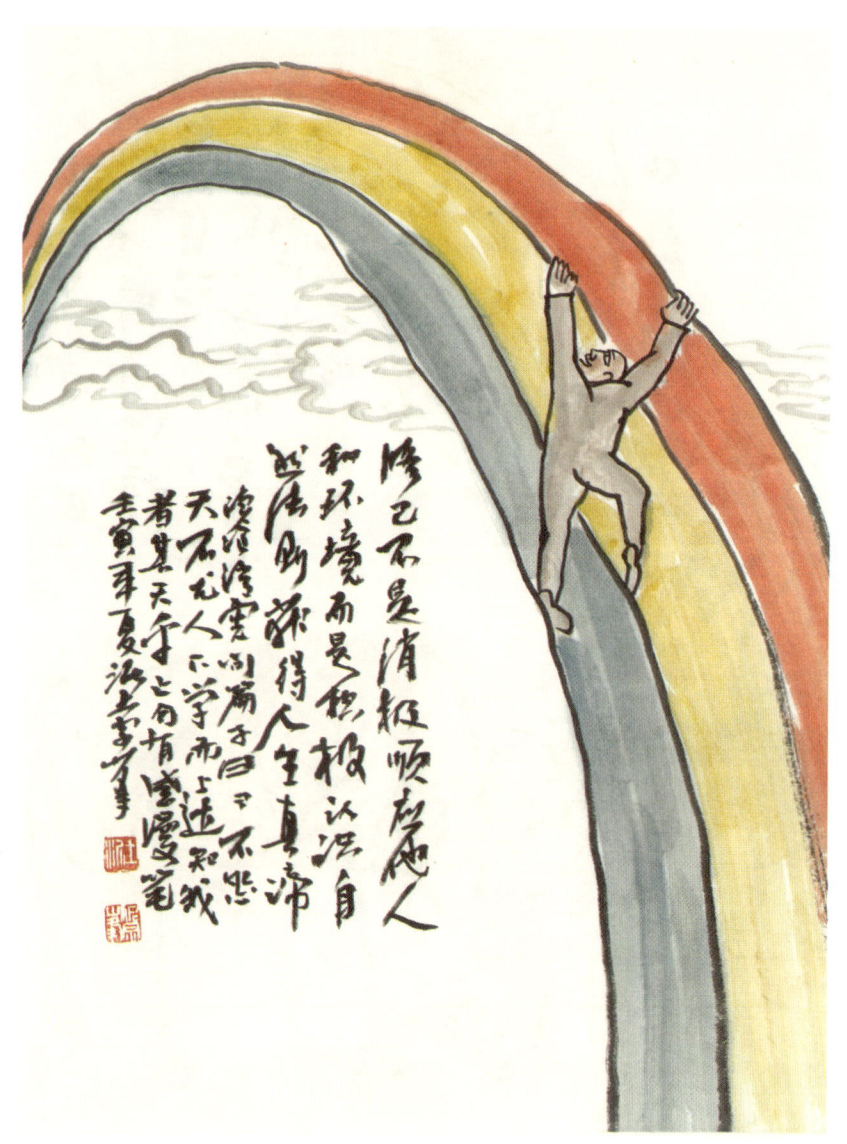

悟话： 修己不是消极顺应他人和环境，而是积极认识自然法则，获得人生真谛。

下学而上达，知我者其天乎

原文 子曰："不怨天，不尤人，下学而上达，知我者其天乎！"（出自《宪问篇》）

译文 孔子说："不抱怨天，也不责备他人，学习切身知识而通达很高的道理，了解我的大概是上天了！"

悟话： 人生不可选择的是身外世界，可选择的是自己。

贤者辟世

原文 子曰："贤者辟世，其次辟地，其次辟色，其次辟言。"子曰："作者七人矣。"（出自《宪问篇》）

译文 孔子说："贤人（看到时势不好就）避世隐居，其次是择地而居，再次是避开别人难看的脸色，再次是避而不听恶言恶语。"孔子说："像这样的人已经有七位了。"

注 辟：同"避"。

悟话：内外兼修是立身处世的必须（需）。

修己以敬

原文　子路问君子。子曰："修己以敬。"（出自《宪问篇》）

译文　子路问怎样才能成为君子。孔子说："修养自己，从而保持严肃恭敬的态度。"

半部论语书天下

悟话：想要做好一件事情，准备工作非常重要；如果想成就一番大的事业，特别要选好人，搭建起好团队。

工欲善其事，必先利其器

原文 子贡问为仁。子曰："工欲善其事，必先利其器。居是邦也，事其大夫之贤者，友其士之仁者。"（出自《卫灵公篇》）

译文 子贡问怎样实行仁德。孔子说："工匠想做好他的工作，必须把工具弄得精良好用。住在一个国家，就要敬奉大夫中有贤德的人，与士中有仁德的人交朋友。"

悟话：因果循环，人不思远，必尝苦果。

人无远虑，必有近忧

原文　子曰："人无远虑，必有近忧。"（出自《卫灵公篇》）

译文　孔子说："人没有长远的考虑，一定会出现眼前的忧患。"

悟话：人与人共事，互谅互解，互帮互助，也就会少些怨恨。

躬自厚而薄责于人

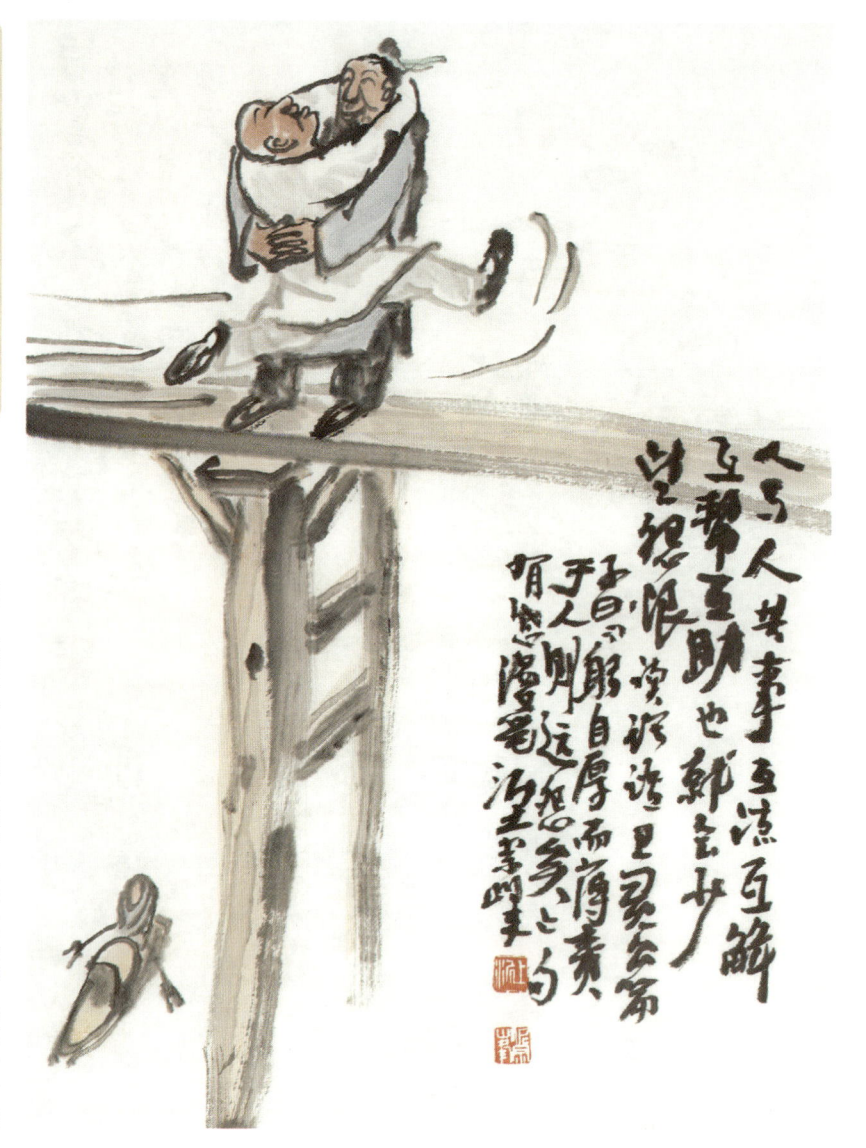

原　文　子曰："躬自厚而薄责于人，则远怨矣。"（出自《卫灵公篇》）

译　文　孔子说："重责备自己而轻责备别人，那就可以避免别人的怨恨了。"

悟话：摊上事时，才是见证不同人性的试金石。

君子求诸己，小人求诸人

原　文　子曰："君子求诸己，小人求诸人。"（出自《卫灵公篇》）

译　文　孔子说："君子严格要求自己，小人苛求别人。"

悟话：谎言与美言时常交叉出现，始观于人，听其言，观其行。

君子不以言举人，不以人废言

原文 子曰："君子不以言举人，不以人废言。"（出自《卫灵公篇》）

译文 孔子说："君子不凭一个人说了几句好话就举荐他，也不因为一个人不好就不采纳他的建议。"

悟话：忍耐力决定着人的既定目标能否实现。

小不忍则乱大谋

原文 子曰："巧言乱德。小不忍，则乱大谋。"（出自《卫灵公篇》）

译文 孔子说："花言巧语足以败坏人的德行。小事情不忍耐，就会败坏大计划。"

悟话：信仰是传播和捍卫正义的自觉表现。

人能弘道，非道弘人

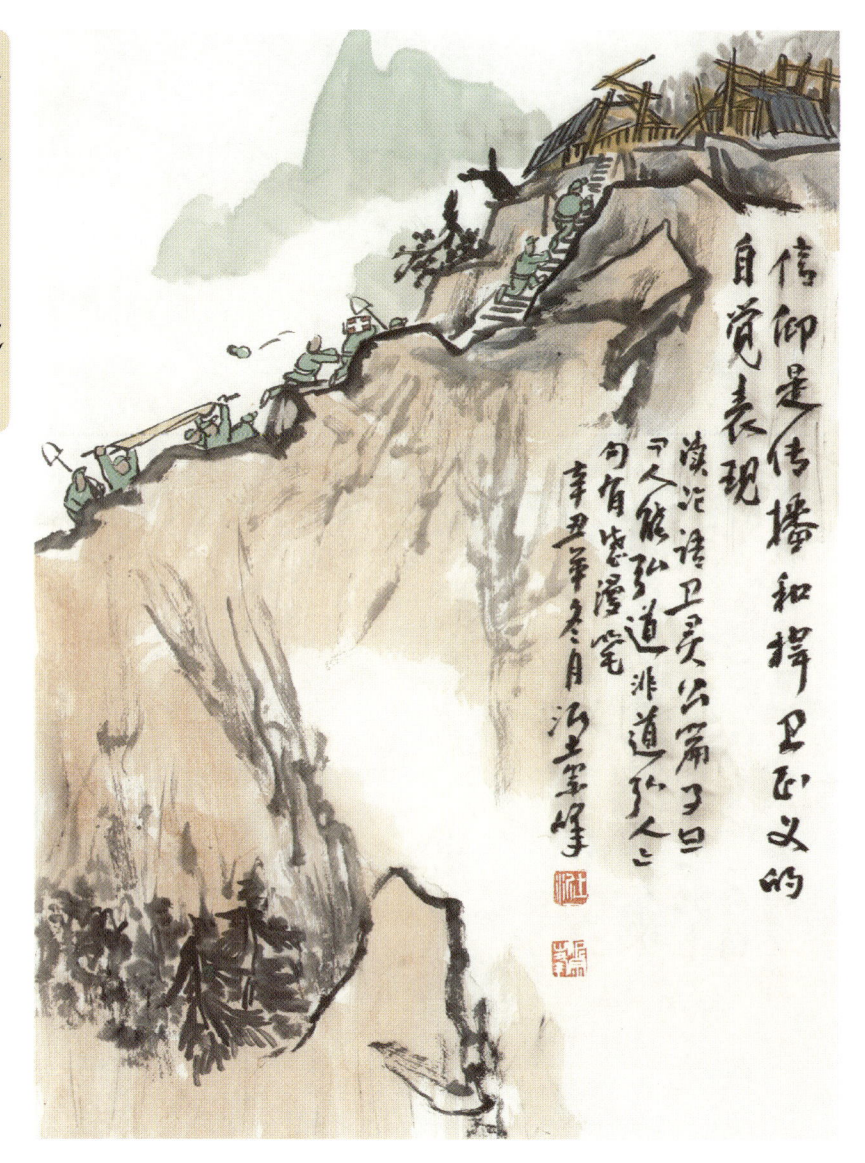

原文 子曰："人能弘道，非道弘人。"（出自《卫灵公篇》）

译文 孔子说："人能够使道发扬光大，不是道使人的才能扩大。"

悟话：同样是在梦中醒来，有人总想着自己怎样享受，有人却想着怎样让大家共同享受。

君子谋道不谋食

原文 子曰："君子谋道不谋食。耕也，馁在其中矣；学也，禄在其中矣。君子忧道不忧贫。"（出自《卫灵公篇》）

译文 孔子说："君子只谋求道而不去谋求衣食。耕田，也常常会有饥饿；学习，往往得到俸禄。君子只担忧是否能学到道，不担忧贫穷。"

牛部论语书天下

悟话：在仁德这个问题上，不论是谁，坚决不允许其以不道德行为危害社会。

当仁不让

原　文　子曰："当仁，不让于师。"（出自《卫灵公篇》）

译　文　孔子说："面对着仁德，在老师面前也不要谦让。"

悟话：信用是美德，为了正道的推行，宁可失去不应该维护的信用。

贞而不谅

原　文　子曰："君子贞而不谅。"（出自《卫灵公篇》）

译　文　孔子说："君子追求大信，而不拘泥于小信。"

注　贞：指固守正道，这里是"大信"的意思。谅：指不分是非而守信。

悟话：人的价值取向不同，终其无法同心同德。

道不同，不相为谋

原文 子曰："道不同，不相为谋。"（出自《卫灵公篇》）

译文 孔子说："主张不同，就不必在一起互相商议事情。"

悟话：当面对人生不如意时，应坦然接受并积极对待。

既来之，则安之

原文 孔子曰："夫如是，故远人不服，则修文德以来之。既来之，则安之。"（出自《季氏篇》）

译文 孔子说："如果这样，远方的人还不归服，就再以仁、义、礼、乐招致他们。他们既然来了，就要让他们安下心来。"

牛部论语书天下

悟话：与诚信、正直、广识的人交朋友，终生有益。

益者三友

原 文 孔子曰："友直，友谅，友多闻，益矣。"（出自《季氏篇》）

译 文 孔子说："同正直的人交朋友，同诚信的人交朋友，同见闻广博的人交朋友，这是有益的。"

悟话：施善举让别人得到快乐的同时，自己也获得快乐。

益者三乐

原　文　孔子曰："乐节礼乐，乐道人之善，乐多贤友，益矣。"
（出自《季氏篇》）

译　文　孔子说："喜欢以得到礼乐调节为快乐，喜欢以讲别人的优点为快乐，以有许多贤德之友为快乐，这是有益的。"

半部論語書天下

悟话：把持好戒念，能让人伟大起来。

君子有三戒

原文 孔子曰："君子有三戒：少之时，血气未定，戒之在色；及其壮也，血气方刚，戒之在斗；及其老也，血气既衰，戒之在得。"（出自《季氏篇》）

译文 孔子说："君子有三种事情应戒备：年少的时候，血气未定，要防止对女色的迷恋；等到壮年，血气方刚，要防止好勇斗狠；等到老年，血气已经衰弱了，要防止贪得无厌。"

悟话：如果敬畏不理性区别，就会产生迷信。

君子有三畏

原文 孔子曰："君子有三畏：畏天命，畏大人，畏圣人之言。小人不知天命而不畏也，狎大人，侮圣人之言。"（出自《季氏篇》）

译文 孔子说："君子有三件敬畏的事情：敬畏天命，敬畏在高位的人，敬畏圣人的话。小人不懂得天命，因而也不敬畏，不尊重在高位的人，蔑视圣人的话。"

悟话：学习的好处：可以让你有属于自己的本领，靠自己生存。

学而知之

原文 孔子曰："生而知之者上也，学而知之者次也；困而学之，又其次也；困而不学，民斯为下矣。"
（出自《季氏篇》）

译文 孔子说："天生就知道的是上等，通过学习而懂得的则是次一等；遇到困难才去学习的是又次一等；遇到困难还不学习，就是下等。"

悟话：人的心性基本是随周边环境的变化而发生变化的。

性相近，习相远

原　文　子曰："性相近也，习相远也。"（出自《阳货篇》）

译　文　孔子说："人的本性是相近的，由于习染不同才相差甚远。"

悟话：宽容是包纳那些值得宽容的人，不然就会引辱毁誉。

恭则不侮，宽则得众

原文 （子）曰："恭、宽、信、敏、惠。恭则不侮，宽则得众，信则人任焉，敏则有功，惠则足以使人。"
（出自《阳货篇》）

译文 孔子说："庄重、宽厚、诚实、勤敏、慈惠。庄重就不致遭受侮辱，宽厚就会得到众人的拥护，诚实就能得到别人的任用，勤敏就会提高工作效率，慈惠就能够使唤人。"

悟话：谣言起于混者，传于好事者，止于智者。

道听途说

原文 子曰："道听而涂说，德之弃也。"（出自《阳货篇》）

译文 孔子说："在路上听到传言就到处去传播，这是抛弃了道德。"

注 涂：同"途"。

悟话：只要搞清楚自己想要得到什么，才会对失去的不去在乎。

患得患失

原文　子曰："鄙夫可与事君也与哉？其未得之也，患得之。既得之，患失之。苟患失之，无所不至矣。"（出自《阳货篇》）

译文　孔子说："可以和一个鄙劣的小人一起共事吗？他在没有得到官位时，总担心得不到。已经得到了，又担心失去它。如果他担心失掉官职，那他就什么坏事都干得出来。"

悟 话：正直人虽然要经历太多的苦难，但是正直人的远方将是掌声与鲜花。

直道而事人

原　文　柳下惠为士师，三黜。人曰："子未可以去乎？"曰："直道而事人，焉往而不三黜？枉道而事人，何必去父母之邦？"（出自《微子篇》）

译　文　柳下惠担任法官，多次被罢免。有人对他说："你不可以离开鲁国吗？"柳下惠说："我正直地工作，到哪里都可能被撤职。若是不正直地工作，又为什么一定要离开本国呢？"

悟话：拳头，是各有所长的五根手指握在一起。

无求备于一人

原　文　周公谓鲁公曰："君子不施其亲，不使大臣怨乎不以。故旧无大故，则不弃也。无求备于一人。"
（出自《微子篇》）

译　文　周公对鲁公说："君子不疏远怠慢他的亲属，不使大臣们抱怨没被信用。旧友老臣没有大的过失，就不要抛弃他们。不要对人求全责备。"

悟话：危难之时见真情，利益面前看人心。

士见危致命

原　文　子张曰："士见危致命，见得思义，祭思敬，丧思哀，其可已矣。"（出自《子张篇》）

译　文　子张说："读书人遇见危险时能献出自己的生命，看见有利可得时能考虑是否符合义的要求，祭祀时能想到是否严肃恭敬，居丧时能考虑悲痛哀伤，这样就可以了。"

悟话：尊人律己，是心理健康的体现。

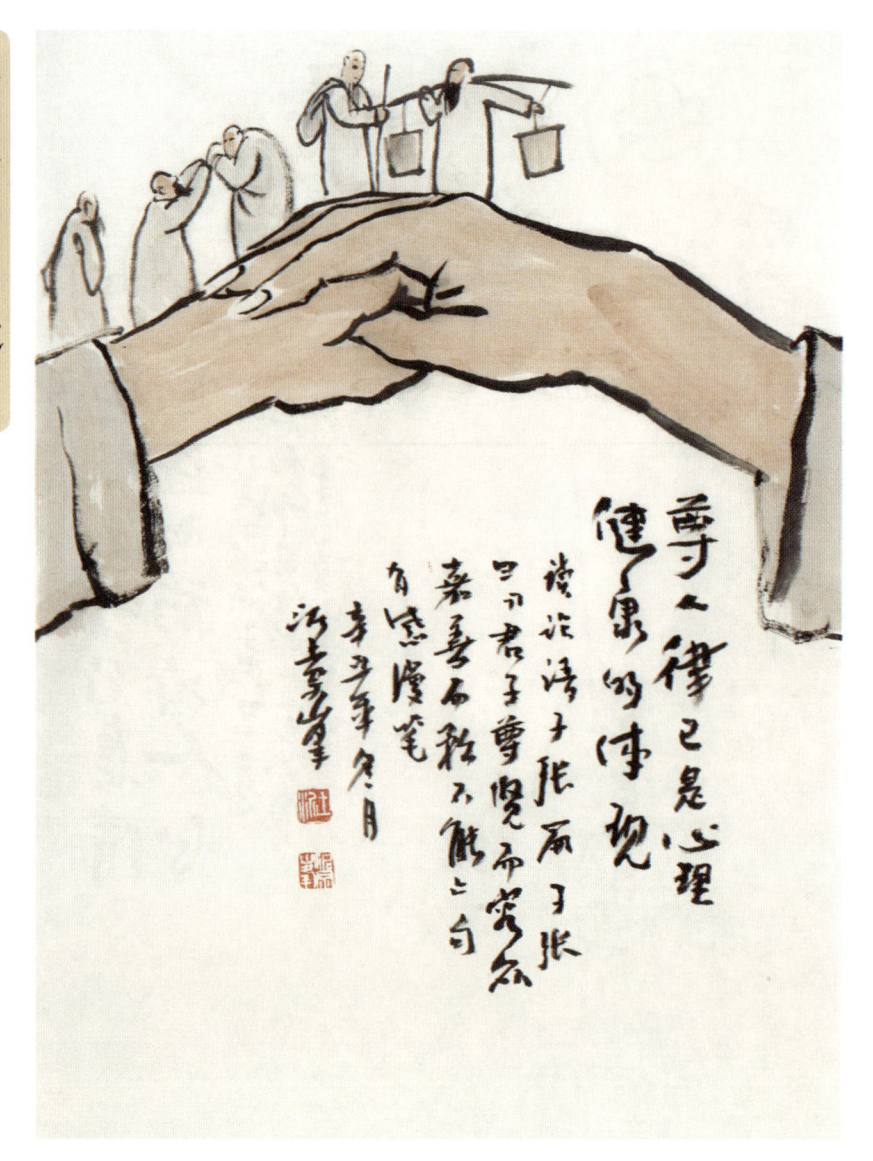

尊贤容众

原文　子张曰："异乎吾所闻：君子尊贤而容众，嘉善而矜不能。"（出自《子张篇》）

译文　子张说："我所听到的和这些不一样：君子既尊重贤人，又能容纳众人；能够赞美善人，又能同情能力不够的人。"

悟话：读书使人充实，思考让人明志。

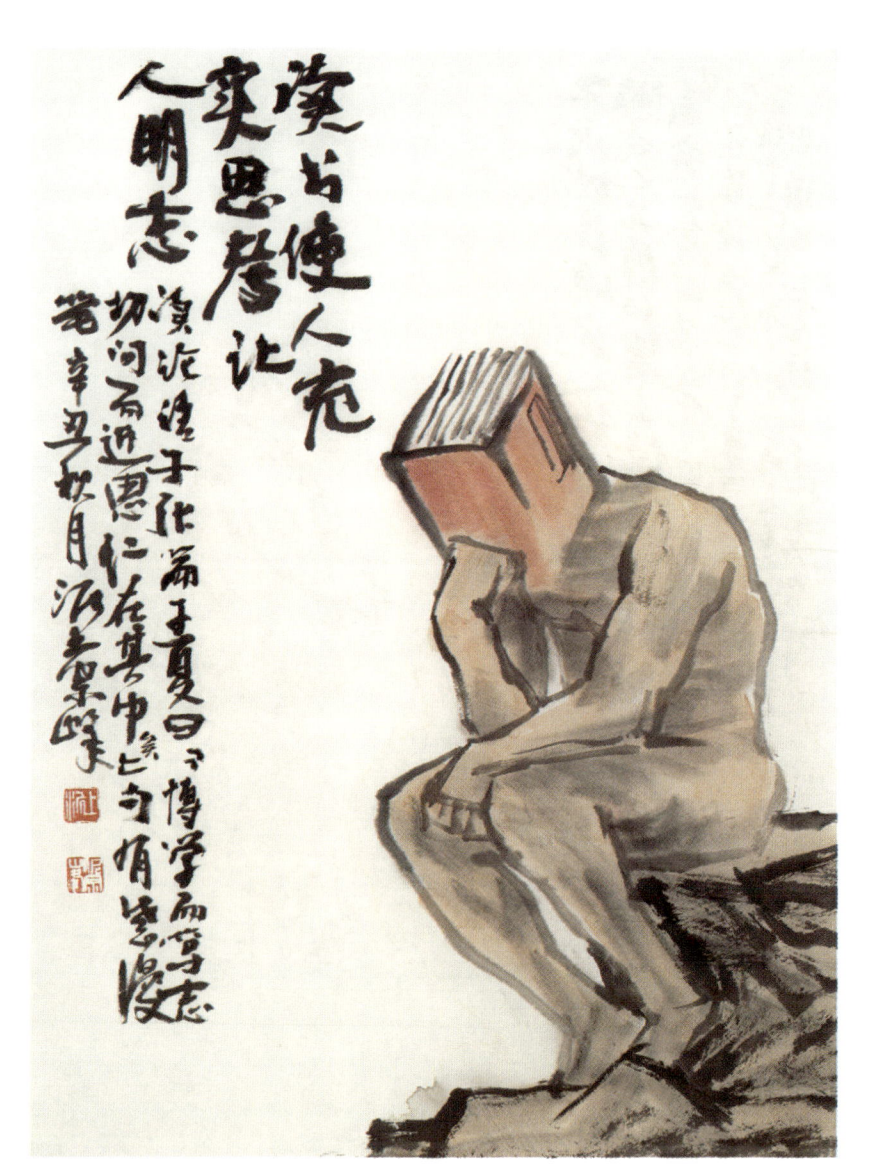

博学笃志

原　文　子夏曰："博学而笃志，切问而近思，仁在其中矣。"
（出自《子张篇》）

译　文　子夏说："博览群书，坚守自己的志向；恳切地发问求教，多考虑当前的事，仁德就在其中了。"

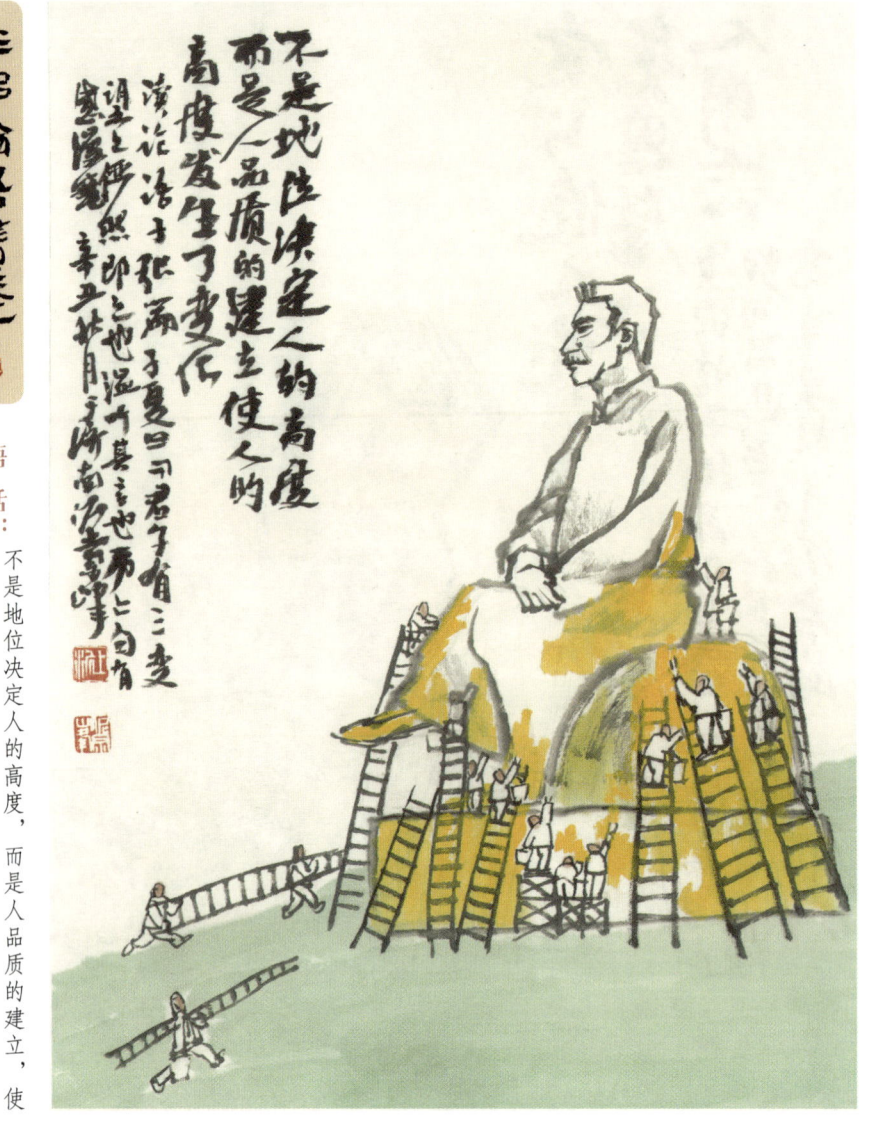

悟话：不是地位决定人的高度，而是人品质的建立，使人的高度发生了变化。

君子有三变

原　文　子夏曰："君子有三变：望之俨然，即之也温，听其言也厉。"（出自《子张篇》）

译　文　子夏说："君子有三种变化：远远看他的样子很庄严，接近他时感到温和可亲，听他的话感到很严肃。"

悟话：在非原则的事情和问题上灵活变通，才是智者的人生。

大德不逾闲

原　文　子夏曰："大德不逾闲，小德出入可也。"（出自《子张篇》）

译　文　子夏说："在德操大节上不能超越界限，在细微小节上有点出入是可以的。"

注　大德、小德：指大节和小节。闲：木栏，这里指界限。

牛部論語書天下

悟话：目标的实现，说到底就是一种选择后的坚持。

有始有终

原　文　子夏闻之，曰："……君子之道，焉可诬也？有始有卒者，其惟圣人乎！"（出自《子张篇》）

译　文　子夏听了，说："……君子之道怎么可以随意歪曲？（传授学问能够）有始有终的，恐怕只有圣人吧！"

悟话：读书与应用结合是最高效的学习。

仕而优则学，学而优则仕

原　文　子夏曰："仕而优则学，学而优则仕。"（出自《子张篇》）

译　文　子夏说："做官还有余力的人，就可以去学习，学习有余力的人，就可以去做官。"

悟话： 承认错误并立即改正，是人生格局的再一次升级。

君子之过

原 文 子贡曰："君子之过也，如日月之食焉。过也，人皆见之；更也，人皆仰之。"（出自《子张篇》）

译 文 子贡说："君子的过错好比日蚀和月蚀。他有过错，人们都看得见；他改正过错，人们都仰望着他。"

悟话：为人为事既尽力而为，又要量力而行，才能保住基本。

惠而不费

原文 子曰："君子<u>惠而不费</u>，劳而不怨，欲而不贪，泰而不骄，威而不猛。"（出自《尧曰篇》）

译文 孔子说："君子<u>给百姓以恩惠而自己却无所耗费</u>，使百姓劳作而不使他们怨恨，有欲求而不贪婪，庄重而不傲慢，威严而不凶猛。"

151

悟话：劳动是生存的本能，收获只有通过诚实的劳动才能获得。

劳而不怨

原　文　子曰："君子惠而不费，**劳而不怨**，欲而不贪，泰而不骄，威而不猛。"（出自《尧曰篇》）

译　文　孔子说："君子给百姓以恩惠而自己却无所耗费，**使百姓劳作而不使他们怨恨**，有欲求而不贪婪，庄重而不傲慢，威严而不凶猛。"

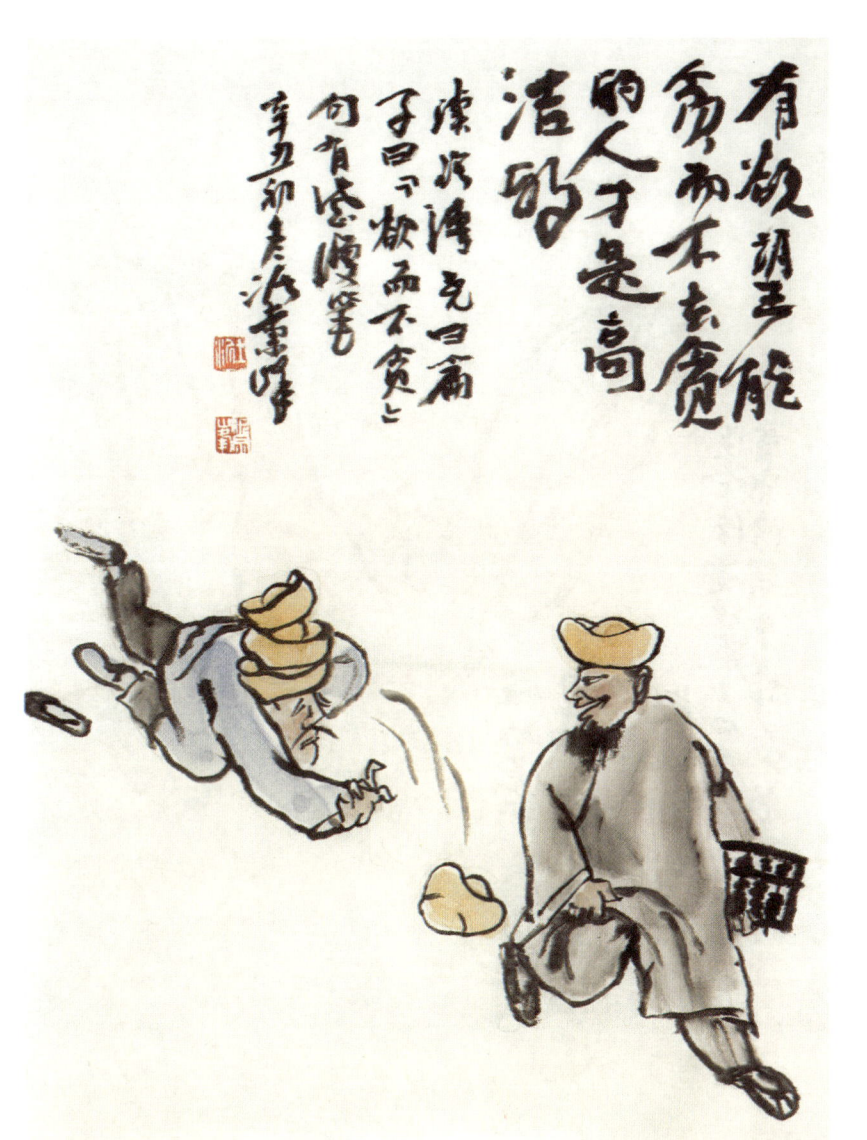

悟话：有欲望、能贪而不去贪的人，才是高洁的。

欲而不贪

原　文　子曰："君子惠而不费，劳而不怨，<u>欲而不贪</u>，泰而不骄，威而不猛。"（出自《尧曰篇》）

译　文　孔子说："君子给百姓以恩惠而自己却无所耗费，使百姓劳作而不使他们怨恨，**有欲求而不贪婪**，庄重而不傲慢，威严而不凶猛。"

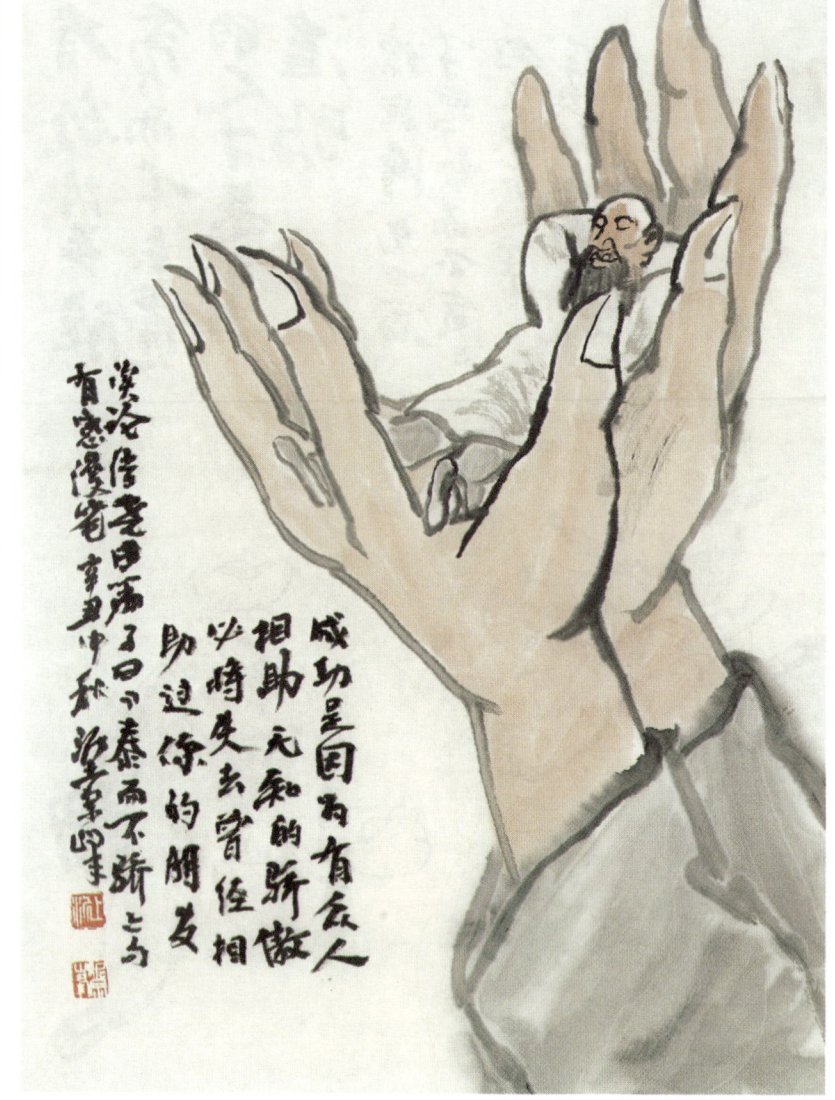

悟话：成功是因为有众人相助。无知的骄傲，必将（使你）失去曾经相助过你的朋友。

泰而不骄

原文 子曰："君子惠而不费，劳而不怨，欲而不贪，泰而不骄，威而不猛。"（出自《尧曰篇》）

译文 孔子说："君子给百姓以恩惠而自己却无所耗费，使百姓劳作而不使他们怨恨，有欲求而不贪婪，庄重而不傲慢，威严而不凶猛。"

悟话：人威源于品质，人猛只是疯狂。

威而不猛

原文 子曰："君子惠而不费，劳而不怨，欲而不贪，泰而不骄，<u>威而不猛</u>。"（出自《尧曰篇》）

译文 孔子说："君子给百姓以恩惠而自己却无所耗费，使百姓劳作而不使他们怨恨，有欲求而不贪婪，庄重而不傲慢，<u>威严而不凶猛</u>。"

牛部論語書天下

悟话：知命不是宿命，更不是妄命，而是依道力争上游。

君子知命

原文 孔子曰："**不知命，无以为君子也**；不知礼，无以立也；不知言，无以知人也。"（出自《尧曰篇》）

译文 孔子说："**不懂得命运，就不能做君子**；不知道礼仪，就不能立身处世；不善于分辨别人的言论，就不能真正了解人。"

悟话：人可适俗，但不能无礼。

不知礼，无以立

原文 孔子曰："不知命，无以为君子也；**不知礼，无以立也**；不知言，无以知人也。"（出自《尧曰篇》）

译文 孔子说："不懂得命运，就不能做君子；**不知道礼仪，就不能立身处世**；不善于分辨别人的言论，就不能真正了解人。"

半部論語書天下

悟话：言语是人的心声，听人的言语，可以知人的心理。

不知言，无以知人也

原文 孔子曰："不知命，无以为君子也；不知礼，无以立也；不知言，无以知人也。"（出自《尧曰篇》）

译文 孔子说："不懂得命运，就不能做君子；不知道礼仪，就不能立身处世；不善于分辨别人的言论，就不能真正了解人。"

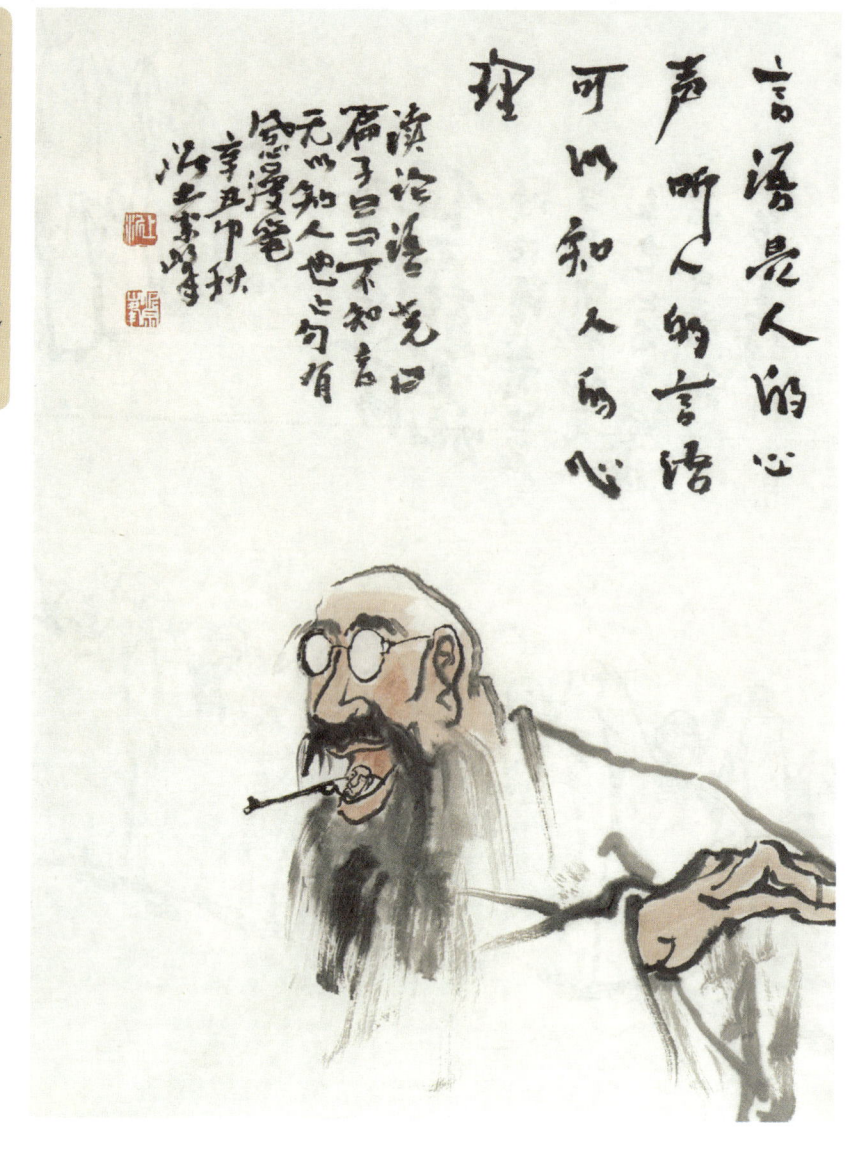

画后的话

  《半部〈论语〉画天下》是我八年来用工作以外的零星时间完成的，因将更大、更整的时间贡献给了《济南胜景图》《泰山图》《河润鹊华图》《新长征 新征程》等画卷，还编绘了一本《画赏〈千家诗〉》画集，以上部分作品与此次出版的《半部〈论语〉画天下》共同构成了一组"一山、一水、一圣人"的主题画作。一个人的兴趣爱好如果能成为他的职业，应该是一件很幸运的事情。但当兴趣爱好不能成为职业而转变成了专长，那就去把专长留给生活，把职业留给劳作——"吾不试，故艺"。

  孔子说的"志于道，据于德，依于仁，游于艺"是我立人求艺的标准。求艺是探索的过程，用水墨漫画的形式去表现中国优秀传统文化，是我对《论语》思想予以表达的一次有益尝试，亦是本书的创作主题。我从《论语》二十篇中择取100余句，并以漫画语言为表现形式将其展现出来，使作品既能基本涵盖《论语》的主要思想，又能尽量做到有趣、有情、有奇、有悟，让观者在寓艺于乐中理解《半部〈论语〉画天下》的视觉功能性。绘画的功能，简单说来，就是让人看后感觉好看、好玩，有活力、有感悟、有联想。绘画就要与众不同，表现手法不可千篇一律，画面不可千幅相似，在承法与运法之间追求特立独行。道友李路是《儒风大家》的主编，他看了该部作品后说："用独幅绘画作品来展现《论语》的百句名言，这很不容易。"又问道："怎样才能确保每幅画作都能把握好主题的表现？"我答复："我翻阅了多家出版社出版的《论语》，其中有的章句的释文部分有不同的版本。在创作过程中，我始终做到不背离'仁、礼、德'的主题思想。例如，《论语》开头中出现的'说''乐'，我的理解是这两个字都有"使人高兴"的意思，绘画里也就不去在乎读音。"作品中的题款，作为画作以外的"悟话"，是我个人对《论语》章句的理解。悟话与绘画相得益彰、文图互补，正是作品的特质所在。

一百个读者心中，有一百个孔子。观点相同，只是视角不同。在尊儒容贤的前提之下诠释《论语》而能言之成理、自成一说的，便都值得尊重。这不同于数理化等学科，必须要有一个标准答案。

书稿在交出版社之前，道友李路再次对文字工作进行把关。这让我释然！作为一位业余画家，再加上学历不高，我总担心只凭热情去尽心创作是不够的。在编绘中存有的不当之处，敬请诸君指教。

"过，则勿惮改。"

泥土
2023 年 8 月